Møtet mellom
hedendom og kristendom
i Norden

Fredrik Paasche

Møtet mellom hedendom og kristendom i Norden

Olaus Petri-forelesninger
ved Uppsala universitet
våren 1941

Støbeform fra overgangstiden. Kors og torshammer i samme form.

Møtet mellom hedendom og kristendom i Norden
Af Fredrik Paasche
ISBN: **9788743047124**
© 2022 www.hemskringla.no
Forlag: BoD – Books on Demand, Hellerup, Danmark
Tryk: BoD – Books on Demand, Norderstedt, Tyskland
Første udgave: 1958
Genudgivelse: 2022
Heimskringla Reprint.
Ansvh. red.: Carsten Lyngdrup Madsen
Layout: Carsten Lyngdrup Madsen
Omslagsgrafik: Jonas Lau Markussen
www.heimskringla.no

Indhold

I.

Emnet og kildene

Under folkevandringstidens trengsler sa man i det romerske keiserriket: «Rom går under, verden går under.» Men — etter alle tings oppløsning ble Rom for annen gang makten som samlet. Denne gang var det pavens Rom. Kirken førte kristen romersk kultur til land der ingen romersk keiser var kommet, gjennem kirken ble Europa — fra syd til nord — åpnere enn før, noe av en virkelig enhet.

Det vestligste av verdensdelens folk gjorde pionertjeneste her. Irland var nådd av kristendommen fra det romerske Britannia av, ikke mange årene innen de hedenske angelsakser gikk i land på britisk grunn. «En trell under Kristus» kalte han seg, briteren Patrirk, som ble Irlands apostel en gang på 400-tallet.

Vel 100 år etter begynte det kristnede Irlands munker flokkevis å ta på seg det de kalte «utlendigheten for Kristi skyld.» De dro ut og misjonerte: blant pikterne i Skottland, angelsakserne i England og blandt hedenske stammer i det store frankiske riket.

Angelsakseren Beda beretter på 700-tallet: På en øy ved vestkysten av Irland bygget en irsk misjonær et kloster for både irske og angelsaksiske munker. Men samarbeidet ble ikke som det skulle, for om sommeren — når det gjaldt å arbeide tungt på aker og eng forsvant irerne fra den lille øya og ga sig til å «flakke omkring» i sitt land.

«Flakke omkring» falt naturlig for irerne. Trangen til nye inntrykk var sterk hos dem. Men fra sanseinntrykkene hadde de kort til drømmesynene, og i kristen tid kunne Guds paradis bli drømmen over alle andre. Vandrelysten hos irske misjonærer var ikke av verden bare — som lokket med ukjente land. Målet for vandringen var paradiset. «For vi er disipler av Petrus og Paulus, vi irske menn fra jordens ytterste rand», skrev en av misjonærene til paven.

For somme i det irske folk gikk veien til Gud gjennom ytterste ensomhet. Hellige i østerland hadde valgt denne veien, var flyttet ut i ørkenen. Og irske hellige fulgte eksemplet. Da var det ikke alltid godt nok med en ødemark i selve Irland, med en avdal eller en holme der hjemme. Tre ganger forsøkte munken Cormac å finne en «ørken» ute i storhavet, tredje gang seilte han båten rett mot nord, i 14 dager bar det nordover – land var ikke å se, bare sjø og sjødyr.

Men ørkener ble funnet til slutt. Færøyene og Island dukket frem av havet. Irske kloster-geistlige gikk i land her på 700-tallet og opplevde med forundring de lyse nordiske sommernettene; solen gikk ned, men det var som den gjemte seg bak en lav bakke, det ble ikke mørkt, man kunne se å arbeide, kunne til og med se, opplyses det, å plukke lusene ut av skjorten. Irske munker med sine hellige bøker fantes på Island da nordmennene kom.

Den irske kirke var en munkekirke, med kraft til misjon, men ikke til å organisere. Det ble angelsakserne som organiserte, angelsaksiske misjonærer virket i irernes spor, først hjemme i sitt eget land, så inne på fastlandet i frankerriket. De opprettet bispedømmer og ga kirkelig lov, i samarbeid med den frankiske statsmakt og med pavedømmet.

Angelsakserne våget seg ut av frankerrikets grenser, somme av dem ble martyrer i frisernes og saksernes land. Først da frankerne hadde erobret disse landene, sent på 700-tallet, fikk misjonærene tryggere kår her oppe. Men nu lokket en ny oppgave: misjonen hos de nordiske folkene.

Man visste litt om disse folkene, nok til å forstå at det hadde sine farer å innlate seg på misjonen. Man visste at danene for noen 10-år siden hadde jaget ut en angelsaksisk forkynner, den første som forsøkte seg blant dem. Hva frankerkongen Karl den store tenkte om sine naboer i nord, lyser frem av et spørsmål som en av hans lærde fikk av ham en gang i 780-årene: «Hva ville du helst: ligge lenket i et nådeløst fengselshull eller oppsøke danekongen Sigifrid og prøve å få ham døpt?» — Karl hadde nok med sakserne og fant ikke tiden inne til å drive misjon i Danmark.

Men Karls venn angelsakseren Alkuin drømte om den nye misjonsmarken. «Si meg om det er noe håp om danenes omvendelse?», skrev han i 789 til en venn som forkynte kristendom blant sakserne.

Noe svar fra vennen kjenner vi ikke. Men vi kjenner jo det svaret som vikingtogene ble. — I et brev som Alkuin skrev ved år 800 taler han om den nye tiden som er kommet, den onde tiden med det brå frembruddet av hedningfolk.

Europa var ferdig med det verste uføre; det frankiske storriket så ut til å stå fast, og romerkirkens arbeid hadde styrket grunnlaget for kulturfellesskap mellom folkene. Da kom vikingtogene, og med dem en ny krise og en ny angstens tid. — Kristenheten var vant til noe av hvert, handel med slaver ble drevet i kristne land, plyndringer og drap hørte til under en krig. Men ingen plage var som vikingplagen, ingen annen pågikk så lenge og rakk så langt, ingen rammet så tilfeldig eller nådeløs. Hvor «de hedenske skibene» la til, var det ute med all trygghet; stormannen kunne vente seg slavekår, helligdommen ble herjet, tjenerne i helligdommen myrdet. Det var skremmende krig. Som det står i angelsaksiske og irske årbøker: «Anno 793 var det onde jærtegn over northumbrernes land, og folket ble engstet. Det var voldsomme uvær og lynild, gloende draker ble sett der de fløy gjennom luften. Og snart etter, i samme år, den 8. juni, kom herjende hedenske menn og ødela med rov og med drap Guds kirke i Lindisfarne».

«Anno 807. Inismurray brent av hedningene, og Roscommon lagt øde. Månen ble til blod.»

Vikingtogene måtte gi nytt liv til ønsket om å få de nordiske folkene kristnet. Karl den stores sønn, keiser Ludvig den fromme, lar misjonærer forsøke seg i Danmark, sommeren 823. Og tre år senere hender det at en nordisk konge tar imot dåpen hos keiseren. Det er danekongen Harald. Han er truet av danske medkonger, han trenger keiserens hjelp; og for sikkerhets skyld lar han seg døpe.

Det var en begivenhet som ga løfter. Og en samtidig frankisk forfatter, munken Ermoldus Nigellus, har skildret kong Haralds dåp, i et dikt som er gleden selv.

Kongen kommer seilende «på Rhinens bølger», på stranden nær keiserslottet i Ingelheim venter keiserens menn og holder hester ferdige for danene. Og snart får mennene fra nord se en herlighet uten like. Det er slottet med sine hundrede søyler; det er keisersalen med veggene der gammel og ny historie er malt i strålende farger — man ser blant annet Karl den stores seier over sakserfolket. I kirken, bak gylne dører, er det samme fargeprakt, men her er det Kristi historie man ser. — Ermoldus skildrer messen her inne. Keiseren kommer. Foran ham på gulvet springer et staskledd barn, keiserens yngste sønn, lykkelig for sine fine klær. Etter går kong Harald i snehvit dåpsdrakt.

Folket i nord blir rost — for anledningen. Danene er vakre og av edel vekst, sier Ermoldus. De er snare og dristige, de bor på havet og lever av båten. De forstår seg på våpenbruk; men snart skal de kanskje, bedre enn før, fatte hva plogjernet er for en velsignelse. Keiser Ludvig har sendt fromme munker nordover sammen med kong Harald.

Ermoldus så lyst og lett på alt. De fromme munkene hadde det besværligere. Det vet vi fra en særskilt beretning om dem, fra den gamle boken om Ansgar, Nordens apostel. Ansgar var en av munkene som fulgte den danske kongen nordover.

Det står i boken som Rimbert, en elev av Ansgar, har skrevet om sin mester, at keiseren hadde pålagt misjonærene som reiste «stadig å styrke kong Harald i hans tro», så han ikke — egget av djevelen — fikk et tilbakefall til sine gamle villfarelser. Og knapt var munkene blitt alene med sitt danske reisefølge, før de gjorde dårlige erfaringer. Kong Harald visste ikke, står det, hvorledes Guds tjenere skulle behandles; han var for ny i troen og for uvitende om den — han og hans menn var oppfostret i en helt annen tro.

Men et tilfelle fikk ham til å se litt nærmere på misjonærene; og etter hvert ble det større fortrolighet og velvilje mellom dem og ham. Det er klart at Ansgar nu har forsøkt å styrke kongens nye tro og verge den mot de gamle villfarelser. Men dessverre får vi ikke vite noe nærmere om samtalen mellom kongen og ham.

Slik er det gjennomgående i nordisk misjonshistorie. De eldste og pålitligste kildene opplyser forholdsvis lite om selve misjonspredikenen og om den religiøse debatt som må ha fulgt den. Meget er dunkelt her. Og derfor blir det ikke så lett å drøfte det emnet som er det viktigste for denne forelesningsrekken. Den skal ikke så meget følge misjonens ytre gang. Den skal først og fremst forsøke å gi svar på følgende spørsmål: Hva foregikk i menneskenes *sinn* under møtet mellom hedendom og kristendom? Og hva er omfatningen og betydningen av kristendommens seier? Eller av det vi kaller kristendommens seier. Det som i virkeligheten skjer, er jo at nye religiøse og etiske forestillinger trenger et stykke inn i de eldre og trenger til side noen av dem.

I hvert fall blir det tale om indrehistorie, om dunkel og uoversiktlig indrehistorie. Men emnet er viktig, det rører ved grunnlaget for all senere nordisk kultur. Det fremmede som kom, eller meget av det, ble jo en del av vår arv, det ble dansk og svensk og norsk og islandsk og finnlandsk og opphørte å være fremmed. Det er kanskje mer nordisk nu enn mangt som i disse tider utropes som erke-nordisk. Våre forfedre i videste mening av ordet er jo ikke bare de som diktet de staselige heltekvadene i Eddaen og la ut på vikingfærd i øst og vest, det er også noen som tenkte og diktet og meislet ved greske kyster og noen i et lite profetisk folk i Asia.

«Omfatningen og betydningen av kristendommens seier»? Her kan kildene si oss en del, om vi fører undersøkelsen et stykke ut over misjonstidens grenser — inn i kristen middelalder. Vi kan få en mening om de nærmeste resultatene av Nordens kristning.

Mer i det dype og dulgte ligger forutsetningen for dem. «Hva foregikk der i sinnene under møtet mellom hedendom og kristendom» i selve misjonstiden, før der fantes en fullt organisert kirke? Det er det vanskeligste spørsmålet. Men noe kan vi vite. Vi kan stille sammen en mengde smådrag som står spredt i kildene og få våre inntrykk. Og vi kan ta til hjelp det vi vet om nordisk hedendom, og europeisk kristendom i misjonstiden.

Minst kan vi vite om hedendommen. Den nordiske religion var uten religionsstifter. Og mytene kan si hverandre imot, de er ikke deler av en sammenhengende lære. Det tales nok ofte om en såkalt «nordisk gudelære» — som om vi har å gjøre med fast samordnede og alment antatte religiøse forestillinger i hedensk tid. En «nordisk gudelære» — det gir inntrykk av et system, et motstykke til de kristnes åpenbarte og kirkelige garanterte religion. Og virkelig er det så at enkelte av de hedenske oldkvadene gir seg ut for å være åpenbaring, være gudens ord. I Grimnesmål og Vavtrudnesmål er det Odin selv som røper guderikenes hemmeligheter. I Håvamål påstår en skald at det han har å forkynne, har han hørt i den Høyes hall, hans ord er Odins ord. Og det kan nok tenkes at slike kvad ble bærere av autoritet. I boken om Ansgar er det fortalt om en mann som kom til Birka og sa at han hadde vært «i gudenes forsamling» og mottatt et budskap fra dem. Dette sa han nu frem for folket og fikk folket til å tro på det. Men av de hedenskreligiøse oldkvadene er det i stort sett Odinskvadene alene, som tillegger seg selv guddommelig autoritet. Og Odinsdyrkelse var ikke alles sak; Odin var først og fremst en gud for skalder, konger og krigere, og vi vet ikke hvor langt den Høyes ord er blitt trodd. I Eddadiktningens hjemland — Norge og Island — var Tor folkets gud fremfor andre. Men vi vet ikke hvor langt de mange beretningene om Tors storverk har vært folkets tro, og hvor langt de har vært oppfattet som det de mangen gang er: lystige eventyr.

Vi kan altså ikke konstatere noen nordisk gudelære; vi kan bare konstatere nordiske guder som i en viss monn konkurrerer med hverandre og kan tape eller vinne i anseelse. Flerguderiet ga relativ valgfrihet mellom guder, og det er ikke uten betydning for misjonshistorien. Flerguderiet, — som ikke var noe avsluttet system med en uforskyvelig teologi — tillot at man også kunne innrømme Krist en plass mellom gudene, en plass som i virkeligheten ble en bresje i muren.

For tross alt kan man tale om en mur av hedendom. Det var ikke bare gudene, den norrøne religion var ikke bare en, folk hadde mange slags tro. Gudene var nær på fredhellig ting, under kampen, ved edsavleggelse og i hovet. Men fjernere kanskje til hverdags. Det fantes andre hjelpsomme vetter, makter man mer hadde for seg selv og alltid hadde: det var forfedreånder i haugen eller berget, det var vettene i kornet som grodde, i kilden som gav og gav, i den hellige lunden som vokste og vernet. Under kristningsverket gikk det forholdsvis lett å få bort de store gudene, de var flyttet inn i templene og sank med dem eller kom på vidvanken og ble vanskelig å finne. Men bøndene som ser gudehovet falle og siden går hjem til gården sin, kommer ikke til det tomme: kornet gror med hemmelighetsfull makt, kilden strømmer og gir, «det er vetter i lunder og hauger og fosser».

Og denne naturreligionen, som himmelguden Ty og stormguden Odin og tordenguden Tor i fjern fortid var gått frem av, den ble det ikke så lett å beseire, just fordi den var mindre offisiell, uavhengig av templer

13

og av billedstøtter som kunne brennes, men avhengig av noe varigere: av selve landskapet, hjemmet.

Mektig i den nordiske hedendommen var trolldomstroen. Trolldommen kunne volde godt og ondt, den står ved siden av gudene, er en makt som de — og var stundom en konkurrerende makt, kan vi se. En hedensk islandsk skald som klarer seg uten amuletten, sier med tanke på en annen som har det anderledes i så måte: «Jeg lot gudene råde . . . aldri bandt jeg om halsen på meg en belg full av urter — og lever ennu!» Men det vanlige er at gudetro og trolldomstro forlikes godt, Odin er den største av trollmenn. Odin og menneskene er sammen om trylleruner og galdrer og om seid: om kunsten å sende sin sjelekraft fra seg og la den virke utenfor legemet — i det fjerne, om man så ville.

Men Odin kunne falle og trolldomstroen bestå. Den var eldre enn Odin og uavhengig av ham. Og den hevdet seg mot kristendommen. Det kunne den så meget lettere gjøre som de kristne delte den — bare at de tok den hedenske trolldom for djevelens verk. Her gjaldt det å erstatte med Guds verk: med makten i kirkens sakramenter og vievann, i kirkens bønner og velsignelser og forbannelser. Hva var det sterkeste? Kirken tvilte ikke, og langsomt fikk den folket med seg. Men mange i folket vedble å øve djevelens verk, den rene hedenske trolldom eller en med kristne ingredienser. Denne motstander var det ikke lett å komme til livs.

Heller ikke troen på skjebnens makt, på lagnaden, «ödet». Hedningene ba til sine guder og ofret til dem, og de kalte gudene «de rådende makter». Men samtidig ble det sagt at nornene styrer, alt er skjebne.

Det kan ikke ha vært til vinning for hedendommen, i møtet mellom den og det kristne, at dens guder hadde skjebnen ved siden av seg som en selvstendig makt. «Ved siden av seg» er ikke en gang det rette, de hadde den over seg. Gudene vil frelse Balder fra døden, men kan ikke hindre at han dør. Og gudene skal gå under i Ragnarok; det er deres skjebne.

Gudene falt for det kristne angrep. Også skjebnetroen og spådomsvesenet, som har sammenheng med skjebnetroen, ble angrepet i den kristne forkynnelsen — men bare med måtelig fremgang. Det er menneskelig; skjebnetroen har lett for å slå følge med alle religioner, og holdt seg tross kristendommen som kom. I islandske sagaer som beretter om kristen tid i nordiske land, kan skjebnen meget vel være ute på egen hånd og gjøre et menneske til «lykkemann» eller til det motsatte.

Knapt noensteds gikk kristendommen fri av skjebnetroen. Angelsakseren kong Alfred den store skriver ved år 900: «Somme vismenn sier at skjebnen rår for ethvert menneskes lykke eller ulykke, men jeg sier som alle kristne at det er det guddommelige forsyn og ikke skjebnen». — Like fullt har kristne angelsaksere skrevet ned følgende setninger: «Kristi makt er stor; skjebnen er sterkest».

Når vi taler om møtet mellom hedendom og kristendom i Norden, blir det selvfølgelig viktig å vite hva europeisk kristendom var i misjonstiden. Men her er kildene til kunnskap uendelig mange og rike; og ennå er det ikke gitt noen sammenfattende fremstilling med sikte på det for Norden viktigste, på forkynnelse og tro blant angelsakserne, og blant tyske stammer, just i nordisk misjonstid. Hva kristendommen var i denne tiden, det må allikevel bli et gjennomgående spørsmål i disse forelesningene.

Her bare noen antydninger. Det er nødvendig å minnes at helgentroen og troen på beskyttende engler sto sterk; de nyomvendte fikk ikke færre hjelpere enn i hedensk tid. Videre ser vi at sakrale handlinger spilte en stor rolle i kirkens praksis og i forestillingslivet — man la naturreligionen inn under kristendom ved å innvie kilder, enger og

15

berg. Og man erstattet tryllevisens makt med stående bønneformularers kraft.

Men på andre punkter var kirkens forkynnelse og praksis noe helt nytt og fremmed for nordisk tankgang. Kirken gjorde den urett man begikk mot mennesker, til synd mot guddommen; kirken tvang til skriftemål og botshandlinger — med andre ord: den førte *religionen* og *moralen* nær sammen. Og den lærte at på disse to berodde det hvor mennesket kom etter døden. Det hadde ikke vært hedensk tanke.

Alkuin har i et brev fra tiden ved år 800 angitt som det viktigste innhold av forkynnelsen en misjonær skal bære frem:

Først sjelens udødelighet og en skildring av himmelens gleder og helvetes kvaler. *Dernest* læren om treenigheten. Og *dernest* — som det aller viktigste — læren om menneskehetens forløsning gjennom Kristus.

Til dette er å merke: tidens lære om treenigheten fremhevet med overordentlig styrke «Sønnen fra evighet». Sønnen er skaperen og dommeren, sønnen og faderen er ett. — Ganske riktig ser vi at slik er det også i de eldste nordiske vitnesbyrd om kristendom: i vers av islandske skalder. Kristus er Gud — fra evighet.

Det har en egen interesse å se det religiøse forestillingsliv hos «Nordens apostel» Ansgar. I hans samtid og senere fantes det kristne prester som tok forargelse av læren at Gud skulle være en ånd «uten hode, uten øyne og ører, hender og føtter» — da ble han jo et ingenting. Ansgar har sett det helt anderledes. Rimbert som har skrevet boken om ham, gjengir hans beretning om en visjon han engang hadde hatt:

Uten legemlig vei og uten å ta skritt ble han ført gjennom en klarhet, et lys uten like. Det strømmet ut fra øst og fylte hele verden; og han visste at i den umåtelige lysmassen som fylte hele verden, var Gud, enda han ikke kunne se ham. For her var intet kroppslig, alt var ukroppslig. Men lovsanger med usigelig vellyd tonet gjennom det grenseløse rom. Og Guds egen røst hørtes; da tystnet alle andre; en røst, klarere enn enhver annen klang, fylte hele verden som lyset fylte hele verden. Men han den kom fra, var ingensteds å se.

Den tyske forsker Ludwig Zoepf sier i sin grundige studie «Das Heiligenleben im 10. Jahrhundert»: «Dette er den reneste og høyeste forestilling om det hinsidige som denne tidens kirkelige litteratur har hevet seg til». — Han var altså ikke noen vanlig religiøs kraft, han som først forkynte kristendommen i Sverige.

Men både for Sverige og Norge ble angelsaksernes misjon det avgjørende. Og vi vet litt om angelsaksisk forkynnelse i tiden ved år 1000, blant annet fra en lang rekke predikener av abbeden Aelfric. Det er kristendommen som vi kan vente å finne den: helgentro og tro på beskyttende engler, og forsøk på å forklare treenigheten. Men også en innrømmelse av at Gud ikke lar seg forklare; vi er for svake til å kunne fatte en allmektig, for små til å kunne forstå ham som er overalt, en verdensomspennende åndelig kraft. Noe kan vi like fullt vite: «Gud er all godhet», og han krever godhet av oss. Det går som en rød tråd gjennom Aelfrics predikener at vi skal elske vår neste, elske våre fiender, hjelpe alle som er fattige. «Barmhjertigheten er legedom mot synder; og barmhjertighet alene er det som verger oss ved den store dom — såsant vi selv har vist barmhjertighet mot andre.»

Hva finner vi igjen av dette europeiske i de eldste nordiske kildene hvor kristendommen fører ordet, de islandske og norske versene fra omkr. år 1000 til 1050? Vi hører om Gud, faderen og sønnen, om helgener og engler, om sjelens udødelighet, om dommens dag, og himmel og helvete, om Guds makt og djevelens makt. Og vi hører om synden og angst ved synd; vi hører også en bønn om alt godt for alle mennesker.

Kontakten mellom europeisk kristendom og nordisk — mellom misjonæren og den nyomvendte — blir altså tydelig.

17

Det er ikke meget disse eldste nordiske kildene, de fra selve misjonstiden, kan si oss om kristningen. Men ingen andre kilder kommer i vitnesgodhet opp mot disse versene av islandske og norske skalder som i sitt eget liv var med om kampen mellom gammel og ny tro, eller gammel og ny sed, som man sa.

Stor vitnekraft har også det utenlandske arbeidet, som skildrer Ansgars liv, Rimberts bok om Ansgar. Rimbert sto Ansgar nær. Det er mulig at han fulgte «Nordens Apostel» på hans andre misjonsreise til Sverige, og sikkert at han etter sin mesters død har besøkt dette landet. Det kunne allikevel tenkes at Rimberts bok var en mindre god kilde, ettersom tidens kirkelige forfattere, når de skrev om hellige menn, skrev for å drive religiøs propaganda: for å forherlige den hellige og gjøre hans verk så stort som mulig. Men det ser ikke ut til at Rimbert legger an på å overdrive. Han har kanskje lært av Ansgar, hvis ærlighet han fremhever. — Andre av tidens helgenbiografier har det med å tale om helgenens høye byrd, selv om det kan være noe tvilsomt med denne høyheten; Rimbert tier om sin helts herkomst, den spiller ingen rolle for ham. — Andre av tidens helgenbiografier lar den hellige stå i sterk tvil foran misjonsoppgaven; han kjenner seg ikke verdig for den, han er nemlig så ydmyk; Rimbert lar Ansgar være høyst villig til å ta oppgaven på seg. — Jærtegn omtales i Rimberts bok, men ikke jærtegn gjennom Ansgar selv, så fullkommen han ennu er. Og ved siden av legendarisk stoff, står beretninger som rører ved sjelslivet hos hedninger og kristne — og virker livssanne.

Videre kan det nevnes at Rimbert så å si skrev under kontroll. Han skrev så kort tid etter Ansgars død at andre vitner til Ansgars historie ennu var i live. Rimbert nevner uttrykkelig en av dem, munken Vitmar, og sier at han kan berette bedre om Ansgars første reise til Sverige; Vitmar hadde vært med den gang.

En viktig utenlandsk kilde til vår kunnskap om den nordiske misjon er også det store verket som tyskeren Adam av Bremen skrev om Hamburg-Bremens kirke; det var ved år 1070 han skrev det. Av nordiske menn, deriblant den danske kongen Sven Estridsson, har magister Adam fått opplysninger om nordiske forhold og misjonsverket i Norden. Og hans bok gir viktige bidrag til historien om møtet mellom hedendom og kristendom, selv om vitnesbyrdene nok må brukes med forsiktighet, blant annet fordi magister Adam har en naturlig svakhet for sin egen kirke og taler så lavt som mulig om den angelsaksiske misjon i de nordiske landene.

Dessverre har de angelsaksiske kildene lite om misjonens forløp her nord. Men i gamle angelsaksiske tekster — såvel som i irske og russiske — står det en del om religionskampen på områder som var kolonisert fra Norden av: i England, Irland, Russland. I de følgende forelesninger kommer jeg til å ta med en del av vitnesbyrdene herfra, da de i alle tilfelle gjelder *nordiske* mennesker.

Mellom yngre kilder har vi først og fremst kirkens legender og folkets sagn om misjonstiden. Ordene legende og sagn er tilstrekkelige til å forklare forsiktigheten vi må vise overfor disse kildene. En annen sak er det, at de lærer oss en del om kirke og religion ved et senere tidspunkt: de lærer oss noe om resultatet av misjonen.

Til slutt nevner jeg de utførligste av alle beretninger om krist- ningsverket. De finnes i islandske prosatekster fra det 12. og 13. århundre. Forrest i rekken kommer presten Are Frodes fortelling om Islands kristning. Og den er en god kilde. Are er født på 1000-tallet og har kjent iallfall en mann som kunne minnes den hedenske tiden, og mange som mintes den første tiden etter kristendommens innførelse på Island.

Så er det de såkalte «sagaene», kongesagaer og ættesagaer og andre. De skrives sent; det er ved år 1200 man begynner å skrive sagaer. Lenge var det vanlig å se gode kilder i denne litteraturen og å bruke den uten mange forbehold. Det er blitt annerledes nå; sagaene er god litteratur, underholdningslitteratur blant annet. Men hvor langt de beretter historie, det er ofte vanskelig å vite.

Når misjonspredikener av kong Olav Tryggvason gjengis ord for ord — og langt, så må vi tvile, så meget mer som ordene har predikentonen fra 1200-tallet.

(Sagorna kunna ha varde i sådana fall, då de stödja sig på skaldevers eller då de lämna en torr och knapp upplysning utan att spinna ut den till dramatisk novell. Sådana fristående upplysningar — värdelösa for den spänning som sagaforfattaren eljest söker framkalla — äro antagligen i många fall gamla och äkta.

Somliga av dem bli så mycket troligare som Rimberts bok om Ansgar innehåller liknande ting:

Landnamsmannen Helge den magre var kristen men «mycket blandad i tron». Han trodde på Kristus men åkallade Tor på sjöresor.

I Ansgars Birka vittnar vid ett ting en gammal man, som tror på gudarna, att i sjönöd «ha många av oss» prövat att vända sig till den kristne guden.

Enligt Laxdøla saga blev Gudrun Osvifsdotter en mycket troende kvinna (under missionstiden på Island) och lärde sig Davids psalmer. «Hon var den första kvinna på Island som lärde sig Psaltaren» sannolikt på latin. I Ansgars levnadsbeskrivning talas om en mäktig man, som blev omvänd och som lärde sig Davids psalmer utantill (genom att andra läste för honom).

En av de forstå kristna på Island under missionstiden, Måne, ger bort vad han äger i allmosor och skänker sitt fiskevatten till kyrkan. Frideborg, en av de första kristna i Birka, ålägger när hon skall dö, sin dotter att dela ut allt vad hon äger bland de fattiga.

Här kan man tala om personligt tillägnad fromhet: De som lära sig Davids psalmer utantill, de som ge allt sitt åt de fattiga.)[1]

---

[1] Av utg. utfyllt efter strödda anteckningar i FP:s manuskript.

II.

Hedendommens forsvarskamp

(Ansgar blev välvilligt mottagen då han omkr. 830 anlände till den uppsvenska handelsplatsen Birka. Det heter att kung Björn forhandlade med sina tromän (suis fidelibus) och med «alias samtycke» gav han Ansgar frihet att undervisa. Sålunda visades tolerans från hednisk sida.)[2]

Flerguderiet, som i tidens løp hadde gitt plass for mangen ny gud, sto heller ikke i veien for den gud de kristne trodde på. Han var ennu «en ukjent gud», men vi vet jo at grekerne — for sikkerhets skyld — for ikke å fornærme noen guddomsmakt som kunne finnes, reiste alter just for «en ukjent gud».

I germansk misjonshistorie møter vi flere ganger denne toleransen, denne forsiktigheten, parret med nyfikenhet. Beda, som etter gode kilder og i det hele på en troverdig måte har skildret misjonens forløp hos angelsakserne, beretter om en uhyre tilstrømning til de *første* misjonspredikener. Foreløpig var det ingen som motsatte seg at de kristne fikk forkynne.

Likedan hos de hedenske friserne. Den første misjonær hos dem, angelsakseren Wilfrid, ble vennlig mottatt av deres konge (Aldgils) og fikk fritt forkynne. Og det ble en hjelp for denne friheten at det ble *et særdeles godt år*; høsten og fisket ble rikere enn ellers. Det var altså

---

[2] Av utg. utfyllt efter strödda anteckningar i FP:s manuskript.

ingen fare ved å tilkalle kristen prediken, gudene ble ikke harme, de fant seg.

(Hos svearna hade Ansgar även andra gången framgång med sitt besök. Genom lottkastning utfrågades gudarna, om kristen gudsdyrkan kunde få grundas bland svearna, och svaret gick i positiv riktning. Till yttermera visso uttalade sig också en gammal man ur tingsmenigheten härför och menade att det kunde vara gott att ha även den nye gudens ynnest. Om den kristne gudens ställning upplyser också ett yttrande som läggs i sveakonungen Anunds mun. Denne talar om, att det finns «många mäktiga och stora gudar» men att Kristus är den «starkaste bland gudarna».

Om danerna omkr, mitten av 900-talet berättar Widukind att Kristus visserligen for dem är en gud, men att det också finns andra gudar, vilkas makt är större. Man dyrkade alltså Kristus — men som en gud bland många andra.

I iriska annaler berättas från striderna på Irland mellan norrmän («de från Lochlann») och danska vikingar vid mitten av 800-talet, att danerna före en avgörande drabbning bli modlösa. Men då talar deras hövding «Horm» (:Orm) till dem och ber dem fortsätta striden och se vad «deras gudar och ödet» formå ge dem. De måste också, säger han, passa på att bedja till «den helige Patrick», som har att hämnas på norrmännen for så mycket ont, som de tillfogat hans land. Danerna lova att göra detta och säga att den helige Patrick och «den gud som är herre också över honom» skola beskydda dem. Striden tar vid och danerna segra. De hålla sitt löfte: helgonet får en kista full av guld och silver, ty «danerna hade ett slags fromhet».

Både den ena och den andra guden kunde dyrkas. Gregorius av Tours berättar om en got Agila, med vilken han disputerat om treenigheten, att denne sagt: «Folk hos oss brukar säga att om man går mellan ett hedniskt altare och en kyrka, så är det inte straffbart att visa båda sin vordnad». En illustration till denna dubbelsidighet ger också Beda:

23

Kung Redvald av Östangeln blev döpt i Kent, men då han kom hem och hade talat med sin hedniska hustru, så fann han det tryggast att se åt bägge hållen. Sålunda hade han i sitt tempel ett altare for Kristus och ett litet altare till offer åt avgudarna.

Visserligen var man från början tolerant i de hedniska länderna — bl. a. på grund av att man var nyfiken på den nya läran —, men hedendomen störtade inte i hop vid de kristnas angrepp. Den prövade en kamp innan den föll. Reaktionen kom även i de germanska länderna likasom i romarriket efter kristendomens första segerrika framstötar.

I Sverige kom reaktionen, så långt man nu känner den, från folket, icke från kungen. När kung Björn tog emot Ansgar på dennes första missionsresa til Sverige, så forhandlade han med sina tromän. Folket eller tinget är icke nämnt. Men från folket kom sedermera reaktionen. När Ansgar återvänt blev svearnas folk «gripet av rasande nitälskan» och började forfölja Gautbert; hans frände Nithard dräpte de. — Andra gången gick sveakonungen forsiktigare fram. Han drog missionärernas sak infor folket och fick detta att på tinget besluta «att präster skulle få vistas hos dem och att vad som hörde till de heliga sakramenten skulle få ske hos dem utan hinder». Och det är icke nog med Birkatinget. Kungen ville icke ge fullt tillstånd til missionering, «innan han på ett annat ting, som skulle hållas i en annan del av hans rike, hunnit meddela beslutet åt det folk, som bodde där».

Beda omtalar en händelse från 695, som också vittnar om folkets reaktion och dess obenägenhet att låta fursten avgöra i religionssaker. Två anglosaxiska präster, båda med namnet Hevald, begåvo sig till de hedniska saxarna öster om Rhen i missionens ärenden. Hos en bonde, som tog emot dem och hyste dem flera dagar, bådo de att bli visade till hans herre, ty de hade ett viktigt budskap att överbringa till denne. Men når barbarerna märkte att de båda männen voro av en annan tro, blevo de oroliga för att om främlingarna råkade deras herre, denne skulle vända sig bort från de hedniska gudarna och till den nya kristna tron och hela landet bli tvunget att byta sin gamla gudsdyrkan mot en ny. Sådan risk ville de icke utsätta sig för. Därfor slogo de ihjäl de båda främlingarna och kastade deras kroppar i Rhen.

Men ofta avvakta också hedningarna utvecklingen för att sedermera på särskild anledning ingripa. De bli missnöjda med den nya läran. Vid Ansgars andra besök i Birka hade stor forvirring inträtt genom framträdandet av en hednisk man, som påstod sig ha varit närvarande vid gudarnas sammankomst och nu ville bringa svearna det budskapet att de skulle hålla sig till sina gamla gudar och ej dyrka den nye guden. — Enligt Vita Lebuini vände sig många till den anglosaxiske missionären Liafwin, när han först började predika (på 770-talet vid de hedniska saxarnas gräns nära floden Ijssel. Folk strömmade till och kyrka byggdes. Men nu började andra se med avund och ovilja på dessa omvändelser, och till sist kommo hedningarna samman och brände Liafwins hus och kyrka och forjagade de kristna. — Willibrord, frisernas apostel och den förste biskopen av Utrecht, gick omkr. år 700 hårt fram mot avgudadyrkan bland de hedniska friserna och hann med åtskilligt innan han ställdes inför friserkonungen Rabbod. På Fositesland, «ön vid gränsen mellan daner og friser», dyrkades guden Fosite. Där fanns en helig källa, ur vilken man endast tigande fick ösa vatten. Över hela ön och dess där betande kreatur vilade stor helgd, och ingen fick röra vare sig kreatur eller andra ting som funnos där. Men gudsmannen Willibrord, som av storm drivits i land på den heliga ön, var ej rädd att trotsa de hedniska forbuden. Han döpte tre personer i den heliga källan och slaktade av boskapen vad han behövde. Med förvåning sågo hedningarna att ingenting ont drabbade honom, trots dessa övergrepp mot vad de höllo heligt. Men de skickade bud till konung Rabbod om det skedda; denne greps av raseri och ville hämnas kränkningen av gudarna. Tre dagar och tre gånger varje dag rådfrågade han gudarna genom lottkastning, men ingen enda gång ville lotten falla på gudsmannen Willibrord; endast en följeslagare utpekades av lotten och led också martyrdøden.

Willehad, som missionerade bland friser och sachsare på 770- och 780-talen och som blev Bremens förste biskop, hade till att börja med stor framgång i sin verksamhet, men när hans mest nitiska lärjungar, «gripna av gudomlig iver», började ödelägga de hedniska templen i närheten av Drenthe, då reste sig hedningarna och gingo till angrepp mot de kristna. Det var med nätt nöd som Willehad själv undgick att bli halshuggen.

I Sverige utlöser angrepp mot tempel eller ting i Uppsala de häftigaste reaktionerna. När Olov Skotkonung — enligt Adam av Bremen — med stor iver arbetar på hedningarnas omvändelse och hyser planer på att riva ner hednatemplet i Uppsala, blir han tvungen att bege sig till en annan trakt av Sverige, Västergötland, där han grundlägger kyrka och biskopsdöme. Adam berättar också att de nitiska biskoparna Adalward och Egino ville bryta ner Uppsala-templet. De menade att de därigenom lättare skulle få folket att omvända sig. Men konung Stenkil varnade dem emot en sådan åtgärd: de skulle själva få plikta med livet härför, och han, den kristne konungen, skulle bli fordriven ur riket, och de nyvunna kristna glida tillbaka in i hedendomen. Vart det kunde leda om missionären tog i for bryskt, visar berättelsen om Wolfred hos Adam av Bremen. Wolfred var en anglosaxisk missionär, omtalar Adam, som gick hårt fram bland de hedniska svearna, i sitt nit och sin «kärlek till Gud». Att döma av Adams uttryckssätt gick han till angrepp mot hedendomen i själva Uppsala, när tingsmenigheten var samlad där. Härvid uttalade han en forbannelse över guden Tor, som «stod på hedningarnas ting», och slog avgudabilden i stycken. Men i samma ögonblick voro hedningarna över honom, dräpte honom och stympade hans kropp, som de sedan *post multa ludibria* sänkte i ett kärr.

Att som Wolfred visa sig på tinget var särskilt farligt. Ty i stora församlingar kände hedningarna sin samhörighet och sin overlägsenhet.

En svensk forskare har framhållit, att de hedniska reaktionerna på 1000-talet i Sverige haft samband med de vart nionde år återkommande stora blotfesterna i Uppsala. Detta synes «rimelig nok».

Men även andra grander kunna tänkas. Sjukdomar och olyckor av olika slag, som drabbade de nyomvända, kunde också utlösa kraftiga reaktioner. Beda berättar om Essexkungen Sigheri, att då pesten rasade bland hans undersåtar, så avföll han tillika med sitt folk från kristendomen. Man började sätta de övergivna templen i stånd och dyrka avgudarna i tron, att de kunde befria dem från pesten. Aelnoth, den engelske munken, som i slutet av 1000-talet kom till Danmark och stannade där, ger ett motsvarande vittnesbbrd från Norden: «Svear och götar synas, medan allt går efter önskan och avlöper lyckligt, till namnet hålla den kristna tron i ära, men när motgångens stormar komma över dem, antingen i form av missväxt, torka, för mycket storm och ovåder, fienders angrepp eller eldsvådor, förfölja de den gudsdyrkan, som de till namnet tycktes ära, och det icke blott med ord utan även i handling genom att hämnas på de kristtrogna, som de sträva efter att helt och hållet förjaga från deras land».)[3]

---

[3] Rekonstruerat av utgivaren efter F.P.'s minnesanteckningar.

III.

Den kristne forkynnelse: religionen

I alle nordiske land var makt og maktbud med om å gjøre slutt på den hedenske gudsdyrkelsen. Men makten kunne ikke *kristne* folkene. Den kunne skape ytre forutsetninger for kristningsverket. Den kunne påby kirker og kirkelig ordning, den kunne tvinge til dåp og til å høre på kristen forkynnelse, den kunne befale skrifte og bot og *bestemme* at man skulle tro på Krist. Men den kunne ikke tvinge til virkelig tro. Det berodde på misjonen, og på menneskenes større eller mindre mottagelighet for misjonen hvor langt kristendommen skulle bli folkets tro.

Den hedenske gudsdyrkelse hadde vært en sosial funksjon av den hedenske tro. Ofringene i gudetemplet ga bygden, landskapet, staten en garanti for velferd: for godt år og fred og for lykke i krig, om krig skulle være. En slik garanti var det trang til, religion som sosialt ferment var det trang til, også *etter* den hedenske gudsdyrkelses fall. Og kristendommen tilbød seg å erstatte. Den kom gammel vane i møte med å la hedenske festskikker leve videre under kristen betegnelse, i ly av et helgennavn f. eks. og med — i somme tilfelle — å legge kirkehuset på det sunkne gudetemplets plass.

Alt dette kunne *innby* til kristen tro, men ikke skape troen. Den måtte komme gjennom at man hørte på forkynnelsen og godtok den. Det kunne ikke skje helt tankeløst, selv ikke der hvor misjonen støttet seg på makt og maktbud. Forkynnelsen måtte uroe tanken — i den ene eller andre retning: til protest, til usikkerhet, til tro.

Folk var våkne. Den som prøver å forestille seg sjelslivet i nordisk *hedensk* tid kan komme til å se det for enkelt. Enda den hedenske *diktningen* nokså ensidig holder seg til et bestemt miljø, høvdingers og storbønders krets, virker den ikke monoton. Eddadiktene viker av fra hverandre i anlegg og stil, ofte i stemning også. Der er Voluspá med sitt svartsyn på verden, og sitt håp til slutt; der er Grimnesmål med det levende billedet av den fryktelige mellom gudene («Her kan du Odin se!»); der er den lette leken i versene om Tor og trollet Trym, den tunge lidenskapen i beretningen om mestersmeden Volund, den stormende begeistringen i dramaer som Atlekvadet og Hamdesmål.

Lengsel og lykke, ømhet og bitterhet og sorg — og lettsinn og lystighet finnes i kjærlighetsdiktningen. Drikkens makt prises — og det advares mot drikkens makt. Og bakom alt som er trette og krig og vildsjel — selv midt i det — høres *annet*: tretten er meningsløs, kampen er ond skjebne.

Vi finner et kjensleliv og et tankeliv som er mangfoldig nok. Med døvt og dødt sinn kan ikke våre forfedre ha opplevd kristendommen — som de verget seg mot så lenge.

I germansk misjonshistorie tales flere ganger om folk som lar seg påvirke av gudebildenes fall. De fyller dem med tvil, at guden ikke verget sin helligdom, det gjør dem lydhøre for den kristne forkynnelsen. Eller de lar seg imponere av den nye gudsdyrkelsens ytre prakt, — av «fager sang» (som der står), og av «vokskjerters rene lys». Tidlig nevnes i Norden bøkene med en viss ærefrykt — som man kan forstå, når man minnes respekten for runetegn. Det gir tillit at forkynnelsen kan støtte seg til «hellige og merkelige bøker» — at den er «bokenes lære», som en skald sier i Norge ved år 1030.

Men også selve læren skal overbevise. Tankeløst gikk man ikke over til de kristnes gud. Det gjorde ikke de hedenske sakserne som plaget misjonærene med spørsmål som disse: «Hvorfor ventet Kristus så lenge, innen han steg ned til menneskene. Hvorfor tillot han at de levde og døde uten å ane ham, og således måtte gå fortapt?» (Instruktion gavs inom anglosaxisk mission, huru man skulle dryfta religionen med hedningarna. Daniel, biskop av Winchester och en av Bedas förnämsta meddelare beträffande Wessex, Sussex och Isle of Wight, ger i detta hänseende goda råd i brev till Bonifacius, tyskarnas apostel. «Er verden av evighet?» Svar: «Ja!» «Er gudene av evighet?» Svar: «Nej!» «Hvem styrte verden for gudene?»

(Att omvändelsen verkligen kunde innebära «en kamp i sinnet», härom vittnar Hallfred Ottarssons diktning från tiden kring året 1000. Han diskuterar den gamla och den nya tron med sig själv, och man kan, sedan han mott den kristne kungen (Olav Tryggvason), se huru han steg for steg nalkas kristendomen och avvecklar sin hedniska tro:)[4]

«Før kunne jeg ofre til Lidskjalvs vise herre, men nu er det blitt annerledes med menneskers lykke.»

«Blot er forbudt, og skjebnens bestemmelser får vi ikke lenger søke – – –. Alle lar Odins ætt fare. Også jeg nødes bort fra Njords slekt og skal be til Krist.»

«Før diktet folk for å vinne Odins gunst: jeg minnes våre forfedres staselige idrett; og jeg, som glededes ved Odins makt, hater ikke gjerne Friggs make derfor at jeg tjener Kristus.»

«Konge, jeg har forkastet Odins navn, det hedenske; det er navnet på en som avlet svik, mens menneskene lovpriste ham.»

«La bare Frey og Freyja vredes på meg! La trollpakk trøste seg til Odin og den sterke Tor. — Jeg vil ha Kristi fulle kjærlighet. Jeg er lei av sønnens vrede, — av Faderen har han fått herlig velde over jorden.»

---

[4] Rekonstr. av utg.

Han elsker Odin, sier han først; men til slutt vet han at Odin hører sammen med trollmaktene i verden; hedenske guder må gjerne hate skalden, om han bare kan vinne Kristi kjærlighet.

Og Hallfreds siste vers, kvedet ute på havet i skaldens dødsstund, er fylt av uro for hans sjels frelse, — ikke av frykt for døden, men for dødsriket, kvalene. Han legger sin sak i Guds hånd. Her er hedningegudene sunket, i livets sværeste stund er det den nye tro som er virkelighet for skalden.

[(Missionen forkunnade att det fanns en allsmäktig gud. Bland de hedniska gudarna fanns ingen alismäktig gud, ej heller någon som funnits «från evighet». De hedniska gudarna hade uppstått i tiden och skulle gå under i tiden. Fenrisulven skulle sluka Oden vid Ragnarok och Midgårdsormens gift skulle döda Tor. Jättarnas släkte var äldre än gudarnas, och det var därför Oden kunde hämta så mycken visdom från det hållet. Jättarna hade också större andel i världens skapelse; gudarna ordnade världen men skapade den ej.

I Wessobrunnerbönen (från 800-talet), som i det inledande poetiska partiet ansetts äga vissa likheter med Voluspá, talas om «det största av under», nämligen att «jorden icke var, ej heller den höga himmel, icke träd eller berg eller en enda bäck; ej heller sken sol eller måne, och ej fanns det härliga havet». Men då fanns Gud. «den ende allsmäktige guden», som kunde skapa allt detta. I Voluspá heter det att i urtidens morgon, då «Ymer byggde», var icke sand, icke sjö, icke svala böljor ej heller fanns jord eller himmel. Det som fanns var jätten Ymer — men ingen allsmäktig Gud! Gudarna skapade icke stoffet, men de ordnade det. Av jättens döda kropp byggde de upp världen.

Guds evighet och Gud såsom världens ursprung — för kristen tro så bekanta begrepp — medförde något helt nytt för de gammaltroende. Den nye guden fick en makt som de gamla inte hade.

I diktbrottstycken från Islands kristningstid kommer detta nya och märkliga fram. Det framhävs med stor styrka: «Guds kraft är den största. Gud formår allt. Kristus skapade hela världen . . . .». «Han bøyer skjebnen, han behøver ikke å frykte Ragnarok, han bringer selv den ytterste dag — da kommer han som alles dommer. Kristi vrede var farligere enn gudenes».[5]

Hva betydde gudene for menneskers liv etter døden? Ingen kunne si det sikkert. Kanskje var det lite nok. Man hadde troen på Odins Valhall; falne krigere kom dit, Helge Hundingsbane kom dit — men Valhall skilte for alltid Helge fra den kvinne han elsket. Og krigerne hos Odin skal gå under i Ragnarok sammen med Odin selv. — «Ei var den glad i hugen den hæren som skulle gå veiene til Valhall», står det i et hedensk dikt om den norske konges falne hær.

Man trodde på andre dødsriker også, man hadde det kalde, mørke Hel, langt mot nord og dypt nede, bak brusende elv og høye gjerder. Eller den døde bodde i gravhaugen. Var han drukt på sjøen, bodde han i sjøen. Vanlige tanker om ham og hans vilkår er i hedensk diktning uttrykt slik: «Den levende har det bedre enn den døde».

Mot uvissheten om dødsrikene sto den kristne visshet. Vi hører fra Englands misjonstid at en hedensk vismann rådde sin konge til å anta den nye læren, såfremt den kunne gi tryggere kunnskap om menneskers liv etter døden. Og skalden Hallfred som har fått slik kunnskap, legger sin skjebne i Guds mektige hånd; helvete finnes, men himlene også, og skalden kan håpe.

Han håper på Krist. Det er viktig å minnes at den vanskelige læren om Kristi forsoningsdød for våre synder konkurrerte med en annen forkynnelse den gang, med en som det hedenske Norden lettere kunne fatte. Kristi død på korset ble forkynt som innledningen til hans triumf over død og djevel, som begynnelsen til en seierrik kamp mot mørkets

---

[5] Utgivarens rekonstruktion.

makter. Trosbekjennelsens ord: «nedfor til dødsriket» — er dunkle ord for vår tids kristne, men var fullt av innhold for de gamle. Med støtte i visse skriftsteder og i et apokryft evangelium om «Kristi nedfart til helvete» fortalte man følgende: Fra korset steg Kristus ned til de døde som var i djevelens vold; han sprengte helvetes porter av jern, han tråkket under fot dødens høvding og bandt Satan med lenker av ild. Så rakte han hånden frem mot Adam og førte ham opp av dødsriket — ham og alle den gamle pakts hellige. Kristus døde for å overvinne døden i dødens eget land.

Balder døde, fortalte de gammeltroende i Norden; og ingen makt i verden kunne hjelpe Balder opp av dødsriket. Men Kristus stiger opp av det, seierrik. — At de gamle selv kunne sammenligne på denne måten, det har vi bevis for. I den hedenske Eddadiktning er det fortalt at Tor ville fiske opp Midgardsormen av havet, men ikke lyktes med det. «Kristus fikk Midgardsormen på kroken», står det i en norsk-islandsk tekst fra tidlig kristen tid. Krist var sterkere enn Tor, Krist var skaperen og dommeren, høvdingen og helten.

Men en høvding som motstandsløs gir seg i sine fienders vold og dör på et kors — kunne han passe for nordisk sinn? Det kunne han. Helten Gunnar, i Eddadiktningen, søker opp livsfaren og blir kastet inn i ormegården, der temmer han ormene med sitt harpespill, «strengene bruste». I én ting i det minste møtes det sydlandske helgenideal og det nordiske helteideal: i fryktløsheten.

*   *   *

Jeg har nevnt det selvfølgelige at ytre ting som den gamle gudsdyrkelses fall og innførelsen av en kirkelig ordning skapte forutsetninger for kristendom, men ikke kunne virkelig kristne folkene. Den nye læren måtte til; og mottagelighet måtte finnes for læren.

33

Det ga styrke til forkynnelsen om de kristnes gud at han ble forkynt som den evige og allmektige, i motsetning til hedendoimmens dødelige guder, som skal tape i Ragnarok. Det ga styrke til misjonen at dens menn påsto seg å ha sikker kunnskap om livet etter døden — i motsetning til de gammeltroende som åpenbart har vært i villrede her og hatt ytterst forskjellige, stort sett nokså mistrøstige tanker om livet i det hinsidige. Videre er det viktig å minnes at i nordisk misjonstid var den vanskelige læren om Kristi forsoningsdød ikke så sterkt hevet frem som i noe senere tid. Med medhold i visse skriftsteder og i et apokryft evangelium, som sterkt opptok fantasien, holdt man seg gjerne til helten som fra korset nedfor til helvete og vant den store *seier* over død og djevel. Og Kristus som seierherre, fyrste, helt, kunne nordiske sinn lett oppfatte, så meget mer som han hadde sitt kongelige følge, sine skarer av stridbare engler. Der er beskyttelse i disse skarene; og vi ser at engletroen har slått igjennom i Norden, tidlig på tusen-tallet. Engler beskytter i dette liv og etter døden; St. Michael som ifølge kirkelig forkynnelse fører den dødes sjel til Gud, blir tidlig populær.

Overgangen til troen på en gud som er den eneste gud, en skaper og dommer i det høye, sett av mennesker bare i en fjern tid og i et fjernt land — overgangen til å tro på ham og få forbindelse med ham ble utvilsomt gjort lettere ved forestillingen om englene han sender ut og ved forestillingen om de hellige menneskene som er kommet til hans rike og formår meget hos ham, ber for menneskene hos ham.

Det er gammel mening at troen på helgener ga kjærkommen erstatning for flerguderiet. Og det tør være riktig nok. Man sier ikke dermed noe nedsettende om tidens religiøsitet. I tider da ubarmhjertighet av mange siag var mektig på jorden — og helvete mektig i det hinsidige — blir det mer enn forståelig at menneskene så seg om etter barmhjertighet og hjelpere. En god del av middelalderens *fromhetsliv* er knyttet til helgendyrkelsen.

Nu kan det allikevel hende at det tok noen tid før den fikk feste her oppe. I misjonens første år kunne ikke kirken by på hjemmekjente helgener. Den måtte vise til fremmede hellige, hvis historie knapt var det lettest tilgjengelige stoff i et ennå hedensk eller halvhedensk Norden. I det som er bevart av den kristne norsk-islandske diktning fra 900-tallet og 1000-tallet er ingen fremmed helgen omtalt — ikke engang Guds mor, som dog nevnes i samtidige nordiske runeinnskrifter. For kirken fikk helgenen sin kraft, sitt liv, gjennom sitt forhold til Kristus. Han og hans lære måtte altså være forkynt og i noen grad forstått, før helgentro kunne sette inn.

Kanskje har kirken vært forsiktig med å forkynne helgendyrkelsen, sålenge flerguderiet sto sterkt og det kunne være fare for at helgener ble tatt for å være guder. Kirken feiret fra begynnelsen av visse helgendager, det ser vi av gamle norske lover; men nesten alle disse dagene var minnedager for Kristi apostler — så at det ble særskilt god leilighet til å holde helgenen i nærheten av Kristus og til å fremheve ham.

Alkuin gir råd om det rette innhold av en misjonspreiken: helgendyrkelse tar han ikke med der. Helgendyrkelse er heller ikke nevnt i sammenheng med Ansgarmisjonen i Norden, det er bare tale om Kristus; utsagn av hedninger og av kristne siteres: aldri sier man noe om helgener.

Vi hører fra de nyomvendte sakseres land at menneskene der var altfor villige til å tro på helgener. De søkte seg ut helgener mellom avdøde landsmenn og presenterte dem for misjonærene, men uten å få noen takk av dem. Utvalget var nemlig gjort med særdeles brist på skjønnsomhet, med ytterst små krav til hellighet hos dem som nu skulle opphøyes. Folket hadde imidlertid trang til nære hjelpere, til undergjørere. Og kirken i sakserlandet grep til den utvei å importere en helgen, ettersom folket, heter det, vanskelig kan vendes til fast tro bare gjennom læren; det må få se tegn. I 851 skrev keiser Ludwig den frommes sønner Lothar og Ludwig til paven og ba ham sende sakserne en martyr. Den hellige Alexanders legeme kom; og straks begynte mirakler å skje.

I Norden ble den mer hjemlige St. Olav, Norgeskongen, den første store helgen. Kong Olavs skalder har det med å prise hans mot: «Jeg ser ikke frykt hos ham». Eller skalden forteller fra slaget på Stiklestad: «Min konge var den eneste som ikke dekket seg med skjold under spydenes tette drive». — Slike vitnesbyrd har kanskje lettet den falne kongens ferd til helgenskrinet.

Men det er tydelig at misjonens menn som arbeidet for troen på misjonskongens hellighet, har vært på vakt mot mulige forestillinger om helgenen som en ny slags guddom. Vi har flere skaldevers fra tiden like etter Olavs opphøyelse til helgen. Der tales det meget om undergjerninger i nærheten av hans skrin og om hans makt til å skaffe folket år og fred. Men hver gang opplyser skaldene uttrykkelig at sin makt får den hellige kongen av Gud selv — hos Gud ber han for menneskene.

Det er allikevel noe ved denne dyrkelsen av en død konge, som gir en mistanke om hedensk arv midt i det kristne. Man var ikke uvant med å dyrke avdøde konger og høvdinger, man hadde gjort det i hedensk tid allerede. Det er knapt noen tilfeldighet at den første angelsakser som ble helgen og den første nordmann som ble det, var konger.

Kongene var av guders blod. I boken om Ansgar kommer mannen som sier han har vært i gudenes samfunn, med et budskap om at folket bør dyrke Erik, en avdød konge. Og straks går folket i gang med det. Av gamle stedsnavn i Trøndelag har man lest ut gammel kongedyrkelse. Og en av Olav den helliges frender i hedensk tid kalles i et dikt «guders like»; man viste ham dyrkelse etter døden, han ble landskapets skytsånd.

Denne hedenske kongen het Olav. Og man sa at han gikk igjen i sin frende og navne Olav den hellige. Til våre forfedres mange forestillinger om livet etter døden hører nemlig også den at en gjenfødsel til liv på jorden er mulig. Det er velkjent fra Eddadiktene. Og kongesagaen beretter: En dag red kong Olav den hellige forbi haugen hvor hans frende den hedenske kong Olav var gravlagt. En mann i kongens følge spurte: «Vil du si meg herre! om de haugla deg her?» Kongen svarer som god ortodoks kristen: «Min ånd hadde aldri to legemer, har det ikke nå og får det ikke i oppstandelsen.» Kong Olav ville ta livet av «en slik villfarelse og vantro», forklarer den kristne sagaskriveren — men har knapt vært så sikker som han later; for han kan ikke slippe det fristende temaet, han gir seg selv og andre en påminnelse til med å si: kongen visste det er mennesker forbudt å forske etter Guds hemmeligheter «lenger enn Kristus vil legge dem i lys».

I en annen beretning fra kristen tid er respekten for den hedenske kong Olavs hellighet særdeles tydelig, og det kan nok tenkes at den *hedenske* arv som kongedyrkelsen var, har bidratt sitt til å gjøre dyrkelsen av den kristne kong Olav den hellige lettfattelig og populær.

En egentlig blandingsreligion har vi få eksempler på fra misjonstiden i Norden. Den kristne islandske skalden Bjørn Hitdølakappe har drømmer som varsler hans død og sier i et vers om disse drømmene: «En hjelmkledd kvinne fra kongen over dagens bolig byder skalden hjem.» Kongen over dagens bolig er Gud, men den *hjelmkledde kvinnen* han sender ut er tydelig nok en valkyrie, ingen kristentroens engel. Det finnes et par andre gamle vitnesbyrd som kan tyde på blandingsreligion; *mange* er det ikke.

Men *kontinuitet* mellom hedenske forestillinger og kristne forestillinger, det finner vi, som i tilfellet med de to kongene Olav.

Den hedenske Gjallarbroen som de døde rider, beholder sitt navn i kristen tid. Der blir den navnet på den broen som også etter gjengs kristen forestilling i middelalderen fører over til dødsriket. Gjallarbrui heter den i det norske visjonsdiktet «gillebron» i en svensk beretning fra 1500-tallet.

37

For ennu en gang å komme tilbake til St. Olav: i folkesagnet og på gamle svenske kirkebilder kjemper han med trollene som Tor hadde gjort det før ham. Men det er ikke derfor sikkert at han *direkte* er Tors arving eller at man bevisst har gitt ham Tors rolle. Midt i kontinuiteten mellom det hedenske og det kristne blir det i alle fall et *brudd* også. Det er ikke lenger den hedenske guden som verger mot trollpakk: det er Kristi tjener, han som i sin tid bragte Tor til fall.

Også ved den nordiske St. Michaelsdyrkelsen har man funnet hedensk arv, men er visstnok kommet i skade for å overdrive arven. I det norske Draumkvedet rider St. Michael og «luren under armen låg.» Dette har man tydet som en minnelse om guden Heimdall, han med hesten og hornet — Gjallarhornet som han blåser i foran Ragnarok. «St. Michael», skrev en dansk forsker for 30 år siden, «fremstilles aldri til hest i kirkelig tradisjon.» Og nu har professor Arup, som ellers er ny nok, gjentatt denne gamle setningen i sin store Danmarkshistorie — enda det virkelige forhold er at St. Michael ofte fremstilles til hest i kirkelig europeisk tradisjon, i litteraturen og i kunsten. Hva angår Michaels lur, den han bærer i Draumkvedet, behøver den jo på ingen måte å stamme fra Heimdalls horn i Voluspá, — den han bærer i Draumkvedet, tubaen, som erkeengelen bærer i kirkelig overlevering.

Kontinuitet finnes i alle fall mellom det hedenske og det kristne: mellom gudetemplet og kirkehuset, som tar gudetemplets plass; mellom hedenske fester og kirkefestene; mellom hedenske signinger og kristne.

Hvor kirken anså det ufarlig har den tillatt kontinuiteten eller endog villet den. Bruddet med det gamle skulle ikke gjøres unødig voldsomt. Kirken var — etter sitt eget program — *heres gentium*, hedningfolkenes arving; den så i de hedenske religioner en villfarelse, men også en begynnelse, et forsøk på å finne frem til sannheten. Slik er det den dag i dag.

Gertrud von Le Fort viser det i «Hymnen an die Kirche» (1924). Der sier Kirken

> «Ich habe noch Gebete, denen die Flur lauscht; ich weiss noch wie man die Gewitter fromm macht und das Wasser segnet. — Siehe, in mir knien Völker, die lange dahin sind, und aus meiner Seele leuchten nach dem Ewigen viele Heiden. — Ich war heimlich in den Tempeln ihrer Götter, ich war dunkel in den Sprüchen ihrer Weisen. — Ich bin die Strasse aller ihrer Strassen; auf mir ziehen die Jahrtausende zu Gott.»

Oldkirken gjorde til Kristussymboler grekernes Phønixfugl og grekernes Orpheus — sangeren som med sin kunst tryllebinder naturen, ja, underverdenen med selv helvedhunden Kerberos.

Kan det nu tenkes at nordiske kristne, som kjente fortellingene om hedensk-nordiske guder og helter, her fant ting de kunne tyde om til kristne symboler? Det er mulig.

På de britiske øyer, i Cumberland og på Man, som på vikingtiden hadde en tallrik nordisk befolkning, fins billedsmykkede kors og gravstener fra denne tiden. Og her har man trodd å finne igjen fremstillinger av hedenske myter side om side med tydelig kristent billedstoff.

Jeg skal nevne et eksempel: På en gravsten fra Gosforth i Cumberland finner man et tredelt billedfelt. Øverst står et dyr, visstnok et lam. Det står med to veldige slanger om føttene, og det er tydet som Kristuslammet, korslammet, kringsatt av død og djevel. Nedenfor denne avbildningen ser man to menn i en båt; de er ute på fiske. Og fremstillingen er slik at man i denne scenen tror å gjenkjenne beretningen om Tor som fisker opp Midgardsormen.

Når nu øverst på gravstenen er et kristent symbol, korslammet, så spørres det om også den hedenske Torsmyten er brukt som kristent symbol. Det kunne ligge nær å bruke den slik. Kirken hadde nemlig med utgangspunkt i noen ord fra Jobs bok, en tilsvarende fortelling: Gud fisket etter havuhyret Leviathan, d.v.s. djevelen — og fikk ham på kroken.

Tydelig sammenføyet er den hedenske og den kristne beretningen der det heter i den gamle norske gjengivelsen av det apokryfe evangeliet om Kristi nedfart til helvete: Gud fikk *Midgardsormen* på angelen.

Jeg nevner ennu et eksempel på mulig symbolsk bruk av

Gosforth-korset, Cumberland (omkr. 1000).
Fiskefangst

Portalplanker fra Hylestad kirke

hedenske beretninger. Jeg tar det fra portalplankene til en kirke som ved år 1200 ble reist i Hylestad i Norge.

Øverst på den ene planken ser man helten Sigurd Fåvnesbane som dreper ormen Favne. Det kan, her ved kirkedøren, ha vært et symbol på Kristus og hans kamp med den gamle slange. For kristne i oldkirkens dager ble Apollons kamp med draken Python et bilde på Kristi kamp med slangen. Kristus kalles «den sanne Apollon».

Øverst på den andre norske portalplanken ser man helten Gunnar som er kastet ned i ormegården. Han spiller på harpe, som i sagnet om ham; der temmer han ormene med spillet. Her, ved kirkedøren, kan han være et symbol på Kristus som var seierrik mellom helvetes ormer. Gunnar, som slår harpen hos ormene, kan ha samme funksjon som Kerberostemmeren Orpheus hadde i oldkirkens kristne kunst: den å minne om Kristus.

På en eldgammel døpefont fra Norum kirke i Bohuslän — fra tiden omkr. 1100 — går Gunnarmotivet igjen. Og her på døpefonten, som i seg selv betegner en seier over djevelsmakter må den harpespillende Gunnar — omgitt av ormer — kunne ha symbolsk betydning, være et bilde på Krist.

Gunnar og Sigurd Fåvnesbane var hedenske helter, men kjære for folket, langt ned gjennom tiden.

Døpefont fra Norum, Bohuslän (Ranrike) o. 1100: Gunnar i Ormegaarden

I en gammelislandsk saga tales det et sted om en mann som har hatt en visjon, han har sett inn i himmel og helvete. Og nå er det noen som spør ham: «Hvem tåler helvetes kvaler best?» Den synske svarer: «Ingen utstår helvetes pinsler mandigere enn Sigurd Fåvnesbane.» — Han er fortapt, men er fremdeles helten av helter.

Slik opptrer, han også i en norsk folkevise fra senmiddelalderen. Der får han et tilbud om frelse. Han blir spurt hva han helst vil være: den ypperste blant fordømte eller den minste i himmerikets rike. Sigurd velger å være den ypperste, han vil ikke stå som den minste i himmerik. «Det er vondt den vesale vera», sier han; det er ondt å være den vesle, den uanselige, «småmannen».

D.et kommer som et sukk fra ukristnet nordisk sjel. Ydmykhet var en vanskelig fordring, et fremmedord for den frie mann. «Demut», sa tyskerne: tjenersinn, trellsinn betyr det. Og det var et sinn hedenske germaner ikke hadde satt høyt.

Dermed står jeg omsider fremme ved det 4. avsnitt i rekken av disse forelesningene, ved spørsmålet om den kristne forkynnelse og folkenes etikk.

IV.

Den kristne forkynnelse: etikken

Som jeg nevnte i min første forelesning, var den europeiske kristne forkynnelsen i misjonstiden fullt oppmerksom på bergpredikenens kristendom. Ikke makt, ikke ry, ikke kunnskap er lykken: lykkelige er de barmhjertige og de som elsker rettferdigheten. Ingen kan si det sterkere enn angelsakseren Aelfric har sagt det i sine predikener fra tiden ved år 1000.

Nu finnes det nok også annet i disse tekstene. Strenghet slår følge med rettferdigheten — Gud er rettferdig og streng, ikke bare barmhjertig.

Men stort sett kan det sies at ubarmhjertigheten og grusomheten som det fantes nok av i denne tiden, også i Aelfrics eget land, ikke berodde på noen brist ved den kristne læren, men på menneskene som bekjente seg til denne læren — og var trege til å følge den, blant annet fordi den ennu var ny og ikke så lett å fatte.

Det var kristen lære, eller fantes iallfall i kristen lære, at medmennesker hadde rett til ens godhet. Hedensk teori strakte seg ikke så langt. God skulle en være mot frendene og vennene, mot *gjesten* og alle en skyldte noe. I den hedenske norsk-islandske diktningen tales det ofte med varme om plikten man har mot disse andre.

Vi støter på spor av denne etikk selv hos de plyndrende og myrdende vikingene. Ireren Findan beretter på 800-tallet at han engang gikk til vikingene og ville kjøpe fri sin søster som de hadde røvet bort. De tok ham til fange straks han kom, holdt ham bundet et døgn og ga ham hverken mat eller drikke. Men til slutt var det somme som fremholdt at i grunnen var han jo en gjest; de burde ikke holde i fangenskap folk som kom for å løskjøpe andre. Slik ble Findan fri igjen.

Senere ble han røvet bort av andre vikinger og fikk en streng herre. Men under en kamp og i et øyeblikk som var farlig for hans herre vikinghøvdingen, Viste han troskap; og det ville høvdingen lønne, han løste Findan av lenkene og sa det skulle være godt mellom dem.

Æren krever av en mann at han viser godhet mot alle han skylder noe.

Men den samme æren krever av ham at han ikke tåler noen fornærmelse. Det er hans plikt å søke oppreisning; og hevnen er den stolteste oppreisning han kan få. Det kristne bud om ikke å søke hevn, må for hedningene ha hørtes som et umoralsk bud. Det tok også tid innen det fikk store virkninger. Og kanskje har man til en begynnelse, ikke forkynt dette bud altfor høylydt. Det lå nærmere for misjonærene å predike godhet mot fattige og forresten å begynne med det som fantes av hedensk etikk: den ga med all sin begrensning, et grunnlag. Den kunne blant annet brukes til et angrep på de hedenske gudene.

Troskap var et hedensk ideal, om enn ikke alltid hedensk praksis. Svik skulle man ringeakte. Men hvordan forholdt det seg med Odin? Det fantes nok av beretninger om gudens troløshet. Det skapte i hedensk tid undrende spørsmål og ble i misjonstiden et argument mot guden. Skalden Hallfred, nylig døpt, vil ikke mer ha å gjøre med Odin; «han øvde svik, mens menneskene lovpriste ham».

Man hadde ikke tatt det nøye med Freyjas kjærlighetshistorier, i Eddadiktningen får de passere. Man forlangte ikke av Freyja det man forlangte av sin hustru eller sin søster. Men den nykristnede Hjalte Skeggeson går omkring på Islands ennu hedenske Allting og kaller Freyja en grey, en tik. Hans nye religion får ham til å dømme slik. Men han dømmer ut fra en moralsk fordring som fantes på forhånd — bare at man ikke stillet den til gudene.

Den kristne gud var i bokstaveligste forstand moralens vokter, og dermed fikk han makt over utviklingen av de moralske synsmåter.

Den nylig avdøde sveitsiske germanist Andreas Heusler sier: skillet mellom gudene og deres fiender jotnene «betegner ingen moralsk tvedeling av verden». Og menneskene synder mot gudene bare med å nekte *dem* deres rett, ikke med å handle urett mot hverandre.

Men kristendommen gjorde det etiske krav til et religiøst krav, det stillet Gud og hans dom bak kravet. Vi ser det virket med en eneste gang.

Skalden Hallfred som sier i sitt siste dikt at han reddes for helvete, nevner en bestemt grunn til det: tungens synder, han har hatt en altfor skarp tunge. Det er karakteristisk at han nevner nettopp denne synden. Han hadde andre (etter kristne begreper); men *denne* forsto han kanskje best. I hedensk tid allerede hadde det vært en urett mot medmennesker å baktale dem eller *nide* dem. Nu var det blitt en urett mot *Gud*, en som kalte på hans dom.

I flere vers har den kristne skalden Sigvat Tordsson holdt oppgjør med de nordmenn som vil svike kong Olav Haraldsson. Det er ikke nok at disse menn er æreløse; straffen for deres svik, sier skalden, blir helvetes ild og mørke (ilden i helvete brenner uten lys). Det ble hurtig almen tro: Trønderbonden Torgeir fra Sula sier i et vers han retter til kong Magnus, Olavs sønn, som nødtvungen omgikkes med sin fars fiender:

«Tal du med meg, Magnus konge! Jeg var i flokken som fulgte din far; blødende hode bar jeg fra vangen der over døde døgling de steg; men du elsker de usle folk, drottensvikerne som gleder djevelen.»

46

Ved kong Olav selv fremhever skaldene at han innen han døde hadde renset sin sjel fra synd. — Her kommer selve ordet synd: for første gang i et nordisk språk. Det er i begynnelsen av 1030-årene.

Forkynnelsen stillet menneskene foran et valg. En islandsk saga som ble skrevet ved år 1200 begynner slik:

«I de hendelser som her skal berettes, syner seg den store tålmodighet som den allmektige Gud hver dag har med oss — og den frihet som han gir hvert menneske, så enhver kan gjøre det han selv vil, enten godt eller ondt.»

Den frie kristne hadde imidlertid en formynder — og trengte kanskje til det. Kirkene kalte menneskene inn til skriftemål og påla dem bot. Påbudte botshandlinger og påbudt askese — som årets fastedager f. eks. — kan man se som utvendige ting og mene at de ikke hadde synderlig kraft til å endre livsførselen. Det antydes at de gamle selv ikke la videre vekt på dem, at de mente det skulle annet til enn utvendigheter.

Vi har den berømte fortellingen om kong Olavs skald Tormod. Han eter pølse på en fastedag og får ondord for det, og da svarer han:

«Kommer det ikke mer mellom vårherre og meg enn denne pølsen, skal jeg ikke frykte dommedagen.»

Men ved siden av denne beretningen står det en annen, der det tales et annet språk.

Kong Olav sitter i tanker en søndag og gir seg til å arbeide med et stykke tre. Han vil skjære ut noe. Hvem tør nu si ham at han bryter søndagshelgen? En ung gutt får sagt det. Han går frem og sier: I morgen — mandag! Så fortelles det videre: Kongen samlet spånene, la dem i hånd, tente ild på og lot dem brenne i hånden — til bot.

I askese og botshandlinger, så ytre ting de også kunne bli, var det iallfall oppfostring til selvbeherskelse og til en forestilling om ydmykhet.

Og fra selvbeherskelsen kunne mange veier føre videre — gjennom kristen etikk.

Somme av Moselovens ti bud kunne folkene i det hedenske Norden uten vanskelighet forstå og godta; det var på forhånd en given ting at man skulle hedre far og mor, at man ikke skulle stjele, at man ikke skulle bære frem falsk vitnesbyrd om sin neste. Om en islandsk lovsigemann fra heden tid, heter det at han i dødsstunden lot seg bære ut i solskinnet. «Han hadde også levet så rent som noen kristen,» står det.

Selv budet «du skal ikke slå ihjel» kunne vel i noen monn regne med forståelse, ettersom hedensk lov satte bøter for drap og streng straff for mord.

I Njåls saga fortelles det om Gunnar på Lidarende som red hjem fra seierrik strid, at han «red nokså kvast». Da han stanset, sa han: «Jeg vet ikke om jeg er udjervere enn andre menn, men det er verre for meg enn for andre å drepe folk». Replikken er antagelig laget av Njålssagaens forfatter, men det fins vers fra vikingtiden hvor stemningen svarer til ordene i det sene sagaverket. Islendingen, skalden Torarin Svarte sier han var en gladere mann før han drepte. Eddakvadet Voluspá er svakt i skildringen av kamp, sterkt hvor talen er om en fred som var en gang og skal komme igjen etter økstid, oddtid og Ragnarok.

Vi leser om vikingtogene og om vill kamp innenlands. Men det var ikke alt. *Bøndene* trengte fred. I diktet om kong Olav sies at det gode ved ham er at han kan av Gud skaffe godt år og fred.

I islandske og norske predikener fra 1100-tallet — bevart i mengde — *tales om* fredsommelighet, barmhjertighet, godhet mot de fattige. Og allerede i misjonstiden har vel disse tingene vært forkynt, enda det først gjaldt å berede veien for dem.

Det «store» budet: Du skal elske din neste, har nok vært fremme ved siden av de 10 budene. I Ansgars Birka *finnes* det to kristne kvinner som gir og gir. Og de kristne får hedninger som er i nød, til å love almissegaver.

Fra islandsk misjonstid fortelles det om en islending, Glum Torkelsson, at han gikk til korset som var reist i marken og bad for *alle* mennesker, for «gamle» — han var gammel selv — og for unge. Bønnen er bevart: *Gótt ey gǫmlum monnum/gótt ey oerum mǫnnum.*

Det virker nytt der det kommer, som det virker nytt når nordiske runeinnskrifter fra kristningstiden priser den gode gjerning: Noen har bygget en bro, en vei. Veien er for alle, ikke bare for frenden og vennen.

Kristendommen som forkynte det store bud, lot også problemet rett og urett komme i nytt lys.

I året 1066 dro Harald Hårdråde ut for å erobre England.

Man kan se av samtidig diktning at dette toget har skapt noe som ligner ond samvittighet i Norge! Man var ikke vikinger lenger. En av kong Haralds skalder sier i et vers rett ut at kongen begynte denne krigen «uten, grunn». I andre vers sammenlignes kongen med sin bror Olav den hellige. Olav, står det, fikk, til forskjell fra Harald, «et hellig fall». Olav stred for å vinne det landet han hadde rett til. Hans bror vil bli ulvenes mat i fremmed land.

Med sitt store bud, og med sitt eget syn på rett og urett, kunne ikke kristendommen stå likegyldig til den hedenske stat og dens lover.

Omfatningen og betydningen av dens seier kommer forholdsvis klart frem når vi ser på samfunnshistorien i den eldste kristne tiden og utover.

V.

Religionsskiftet og staten

Da Ansgar kom til de nordiske landene, søkte han støtte hos kongene og ble noenlunde velvillig mottatt. Han var utsendt av en mektig fremmed hersker, og han bragte med seg kostbare gaver. I Ansgarboken nevnes det uttrykkelig at sveakongen Olof fant behag i misjonsgaver. Misjonen i de germanske land søkte overalt kontakt med konger og høvdinger, den begynte hos de mektige for av dem å få hjelp til fortsatt kristningsverk. Overalt var kirken generøs med gaver til dem. Og den valgte sine gaver med forstand.

Kong Eadwin av Northumberland skal vinnes. Og misjonæren kommer med et brev fra paven til Eadwins hustru. Der står det: hør nu, hva jeg sender deg: den hellige Peters beskyttelse, dernest et speil av sølv og en kam av elfenben og gull. Til kong Eadwin selv sender paven: en skjorte smykket med gullstas og en likeså fin kappe.

Nu var det vel dessuten så, at stormannskretsene var de minst fordomsfulle og de mest nyfikne — hvor det gjaldt budskapet om de kristnes gud. Kong Eadwin hører gjerne på misjonæren, danske-kongen Hårek likeså. Et eiendommelig vitnesbyrd om nordiske høvdingers lydhørhet for fremmed forkynnelse har vi i en arabisk beretning fra Ansgars tid. Den arabiske emir av Cordova i Spania sendte i 840-årene dikteren Al Ghazâl til en nordisk konge som bodde på en øy i oseanet — kanskje Irland, kanskje en av Danmarks øyer.

Al Ghazâl har fortalt at han kom med store gaver, som ble mottatt med takknemlighet; det var vaser og fine tøyer. Men også hans hilsningsord til kongen falt i god jord. Al Ghazâl sa ved audiensen: «Velsignelse over deg, konge! Og over alle dem som omgir deg her! Gid du lenge må nyte godt av den beskyttelse som kan føre deg til storhet i dette liv og i det neste liv, det som varer evig og der man er hos den levende og evige Gud, det eneste vesen som aldri skal gå under. Det er han som styrer, og det er til ham vi skal vende tilbake!»

En tolk oversatte ordene for kongen, som sa, da han hadde hørt dem: «Denne mannen er en av de vise i sitt folk og en mann med ånd.»

Al Ghazâl ble der i landet en tid. Han disputerte ofte med vismennene der — har han fortalt — og slo ned deres innvendinger. Han fortalte dronningen om landene langt i syd og om Muhammeds folk og dets historie. Og til takk for gjestens fortellinger sendte hun gaver til ham: gode retter, klær, parfymer.

Nu var jo denne gjesten muhammedaner, ikke kristen. Men hans eneste og evige gud var ikke ulik de kristnes gud — så dette vitnesbyrdet om nordisk mottagelighet kan ha sin lille interesse i sammenheng med misjonshistorien.

Politiske grunner har vel også spilt inn for kongene som viste misjonen velvilje eller gikk over til kristendommen. Folket holdt i alminnelighet på det gamle. En konge som kunne bringe det nye til ære hos folket, bragte seg selv til større ære med det samme, gjorde seg til foregangsmann og leder. I folkets ellers så konservative lov bragte han inn et revolusjonerende element som han selv — i forbund med kirken — kunne ha kontroll over siden. Han risikerte meget med å velge det nye. Men vi ser at de kongene som tok denne risikoen og lyktes med det, de steg i makt.

I hedensk tid hadde folket gitt seg lov — selv, rundt om på sine ting. Slik vedble det å være i kristen tid. Men hvor det gjaldt religionen, måtte initiativet til lov komme fra kirken og dens beskytter kongen. Og ettersom den nye religionen stillet nye etiske krav, kunne og måtte disse to maktene — kirken og kongedømmet — trenge seg inn med reformforslag på andre av lovens områder enn det spesielt kirkelige.

De eldste nordiske lovene vi kjenner, er landskapslover, bortsett fra den islandske loven; den gjaldt fra begynnelsen av for hele landet. Disse lovene kjenner vi fra forholdsvis sene håndskrifter; Vi har norske håndskrifter fra 1100-tallet, norske og svenske, islandske og danske fra 1200-tallet og 1300-tallet. Men en god del av lovstoffet kan være eldgammelt.

Fra kristendommens eldste tider i Norden stammer vel de stedene i nordiske lover som verger den nye tro og avviser all slags hedendom.

I den gamle Gulatingsloven leser vi:
«Det er det første i loven vår at vi skal bøye oss mot øst og be til den hellige Krist om godt år og om fred, og at vi må bevare vårt land bygget og vår konge lykkelig. Være han vår venn, og vi hans, men Gud være venn til oss alle.»

Om denne vakre teksten er det ikke uttrykkelig sagt at den stammer fra Olav den helliges tid, men det er sannsynlig at den gjør det.

Den har et sidestykke i Gotlands lov, Gutalagen:

«Det er det første i loven vår at vi skal si nei til hedendommen og ja til kristendommen og alle tro på en allmektig Gud og be ham om at han unner oss år og fred, seier og helse, og det at vi må få ha vår kristendom og vår rette tro og ha vårt land bygget.»

Av likheten mellom det norske og det gotlandske lovstedet har somme forskere ment å kunne slutte at det er noe i den gamle beretningen om at Olav den hellige var innom på Gotland under sin landflyktighet og hjalp til med å kristne guterne.

«Vi skal ikke ofre til hedenske vetter», står det i den gamle islandske loven. «Ingen skal ofre til avguder», heter det i Upplandsloven. «Ofringer er menneskene forbudt», sier Gutalagen, «ingen må kalle på hedenske guder».

Det var *kanskje* nødvendig å ha slike bestemmelser ennu på 1200-tallet. Men sannsynligere er det at de står der som en arv fra en eldre tid og ikke var aktuelle lenger.

Men den nye tro som vil være den enerådende, hvor meget *betyr* den i samfunnslivet — bortsett fra at den bringer en ny gudsdyrkelse og en kirkeordning? Hva vitner lovene om dens makt på det etiske området, om kristendommen som radikal kraft?

Vi kan ikke vente å finne at det gikk hurtig med omformingen av samfunnslivet. Loven, fedrenes lov, var en utrolig konservativ makt; man mistenkte alt som ville forandringer i den. Det norske ordet nýjung betyr både en ny lovbestemmelse og — med nedsettende mening — et nytt påfund. I innledningen til Upplandslagen, som vi kjenner i en tekst fra kong Birgers tid, sier kongen:

Vi ville ikke uten grunn omskifte gammel lov og ikke uten rett hitte på ny lov. Derfor har vi ventet med nye lovforslag. Og vi vil i den nye loven følge våre forfedre, den hellige Erik. Birger jarl og Magnus konge.

Men et og annet nytt på det etiske området førte kristendommen med seg helt umiddelbart. «Blot er oss forbudt», d.v.s. også menneskeofringer er oss forbudt.

De islandske sagaer kan gi inntrykk av at menneskeofringer har vært en sjelden ting i hedensk tid. Men på dette punkt har vi grunn til å tvile. Sagaskriverne som skulle berette om hedenske forfedre, har tydelig nok forsøkt å redusere deres hedendom. De forteller gjerne at forfedrene dro ut på vikingtog, men nevner ikke at de hjemsøkte kirker og klostre som i den historiske virkelighet var et så elsket mål for vikingferdene. Sagaskriverne beretter om en rekke av sine hedenske helter at de ikke blotet til gudene, de trodde på egen makt og styrke (*á mátt sinn ok megin*). I diktningen som er bevart fra hedensk tid finner vi ikke noen som tror bare på egen makt og styrke, derimot finner vi fullt opp av gudedyrkere.

Hva menneskeofring angår så kjenner vi til den fra den hedenske Eddadiktning. Og vi har Adam av Bremens vitnesbyrd om de store offerfestene i Uppsala.

I ni dager varer festen; og hver dag blidgjør man gudene med blodet av ni levende vesener, ett menneske og åtte dyr. De blødende ofrene blir hengt opp i en hellig lund, hvert tre i lunden blir hellig «av de ofredes død og forråtnelse». (Ofrene er nemlig gudens eiendom og blir hellige gjennom det.)

Og vi har beretningen hvor araberen Ahmed ibn Fadlân forteller om sitt møte med de nordiske varjagerne nede ved Volga.

Varjagerhøvdingen er død; og nå spørres det: Hvem vil dø med ham? Det var sagt til trellkvinnene som hadde tjent ham, og en av dem svarte: «Jeg!» Og nu forberedes hun til døden flere dager igjennom.

Det hører til ritualet at det hellige offeret skal gi seg hen til mennene i leiren og drikke tett og synge høyt og bli ekstatisk og synsk. En gammel kjerring som de kaller dødsengelen, er satt til å drepe henne. «Jeg så henne», sier Ibn Fadlân, «hun var mørk og grovlemmet, ansikts-uttrykket hardt og truende». I siste øyeblikk fylt av dødsangst prøver trellkvinnen å unnkomme fra dødsengelen, men heksen tar henne om hodet og sleper henne inn i teltet hvor hennes herre ligger. Noen menn slår på skjoldene så skrik ikke skal høres. Inne i teltet blir trellkvinnen lagt ned hos den døde. Hun får en snor om halsen, dødsengelen støter en kniv i henne, og mennene strammer snoren og kveler henne.

Vi leser i kildene om overgangstiden mellom hedendom og kristendom, og det kan synes at det var ikke store forandringer den bragte. Men av og til får vi inntrykk av et brått skifte i kultur og et skarpt skille mellom gammelt og nytt. Fra gudehuset med offerblodet til gudshuset med vievannet, og fra drapscenen ved Varjaghøvdingens bålferd til messetjenesten med requiembønnen for den døde blir det en virkelig overgang.

Umåtelig forsiktig måtte den hellige kong Olav gå frem når han ville gripe inn i gammel ordning for menneskers liv.

Jeg nevner nu to punkter i loven hvor han gjennombryter den tidligere ordningen. Det er ved lovgivningen om trellens rett og om barnets rett.

Kong Olav bød, d.v.s. han fikk bøndene til å vedta følgende:

«Vi ska! gi fri en trell hvert år når vi møtes på tinget her i Gula. Og denne trellen skal vi gi friheten den første søndag under tingsamlingen. Og det er dernest at hvert år før den hellige natt skal vi gi fri en trell i hvert fylke.»

Det høres ikke stort: en trell fra alle fylkene under tingsamling om sommeren og en trell fra hvert fylke før den hellige natt. Men det kommer i en merkelig sammenheng. Trellen får friheten på tinget, det fredhellige ting, og på første søndag i tingsamlingen, på *drottins dag* da andre saker hviler.

Som trellen står der, gitt fri med høytidelige ord, i tingalmuens påsyn, vår herres dag, blir han en levende appell til det rette. Handlingen får noe religiøst ved seg. Den har makten som det gode forbildet kan ha. Og frigivelsen har vel virket særlig sterkt om den — som man kanskje kan mene — avløste skikken å ofre treller til gudene under tingsamlingen.

Og så skal en trell gis fri — før den hellige natt. Det er av takknemlighet mot den menneskeblevne gud.

Nå hørte det egentlig til kirkens idéverden at trellevesen ikke burde finnes. «Av naturen er alle mennesker frie», doserer frankiske teologer i vikingtiden. Og i en eldgammel islandsk prediken står det: «Krist som fridde oss alle fra trelldom under djevelen, vil ikke at det ene mennesket skal gjøre det andre til sin trell.»

Men om kong Olav hadde foreslått: I år opphører trellevesenet i Norge, så hadde det vel vært ute med ham; da ville det ha hett at nu faller samfunnet. Kongen måtte nøye seg med mindre, med den appellen loven ble.

Vi vet at den virket. Folk begynte å gi sine treller fri uten å ha lovens påbud om det.

I 1160-årene tok kong Magnus ut av loven den gamle paragrafen om trellefrigivelse — den var ikke aktuell lenger, treller fantes ikke mer eller bare i ringe tall. Sagaen nevner treller i Norge ved år 1180, aldri senere.

I Sverige tok tid før loven fjernet trellevesenet fra landet. Vi må ned på 1300-tallet. Men loven stadfestet vel bare noe som var oppnådd eller nesten oppnådd allerede.

Også i lovgivning om barnets rett gikk kong Olav forsiktig frem. I hedensk tid hadde det vært tillatt å sette ut barn og la dem omkomme. I de islandske sagaer er slike barneutsettelser nevnt noen ganger, men ikke mange. Og sagaene vil ha det til at det gikk for å være dårlig gjerning det å sette ut barn. Men skikken har nok vært utbredt, man lot den ikke gjerne falle. Den pålitelige islandske historiker Are frode som skrev allerede ved år 1130, forteller herom.

Da Islands Allting i året 1000 lovfestet kristendommen, var det med visse forbehold. Og et av forbeholdene gikk ut på at retten til å sette ut barn den skulle man ha — nu som i hedensk tid. Først flere år senere, skriver Are, ble denne hedendom tatt ut av loven. — Antagelig skjedde det på initiativ av kong Olav; han sendte somme kristendomsbud til Island.

Det heter i den norske Gulatingslov at kong Olav bød følgende: Om en mann bærer ut sitt barn og lar det dø. da skal han bøte 3 mark.

Å bære ut et nyfødt barn og la det dø er altså blitt en straffverdig handling. Det er en ny oppfatning av livets helg som melder seg.

Men kongen må være varsom. Tre mark bøtes — det er ingen stor bot. Og dessuten: i den eldste kristne lovgivningen er det ennu slik at grovt vanskapte barn straffløst kan settes ut. Man prøver så godt det vil gå å forlike det med kristendom og humanitet. Kong Olav bød (iflg. Gulatingslov): «Det vanskapte barn skal man føre til kirke og døpe det og legge det ned i kirken og la det dø der.»

I Vikens kristenrett fra 1100-tallet heter det ennu: Man skal bære det vanskapte barn til kirke, la det tegnes med korsets tegn, legge det foran kirkedøren, så skal den nærmeste mannlige slektning vokte barnet til livet er utslukket. Det barn skal man grave i kirkegård og be for dets sjel og overlate det til Guds miskunn.

Men så kommer kong Magnus' lov av 1160-årene:

Hvert barn som båret blir, skal fødes opp i vårt land. — Om en mann bærer ut sitt barn og lar det dø, da har han forbrutt gods og fred, vi kaller det stort mord.

Nu er det altså ikke lenger en sak som kan bøtes med 3 mark, det er stort mord og koster en mann hans eiendom og hans fred; han stiller seg utenfor samfunnet med handlingen.

Avstanden mellom kong Olavs lov og erkebiskop Eysteins lov viser veksten i rettskjensle hvor det gjelder barnets stilling. Og kirkens arbeid er en forutsetning for denne vekst.

Kirkens arbeid merkes rundt omkring i lovene. Særskilt hvor det gjelder omsorgen for foreldreløse, hjemløse og fattige, deriblant fattige ugifte mødre. Den islandske loven fra fristatstiden har så nøye bestemmelser om denne omsorgen som knapt noen annen europeisk lov fra høymiddelalderen. Man minnes at på Islands Allting hørte landets biskoper til de ledende menn.

Selvfølgelig har de kirkelige fordringene gitt folk atskillig å tenke på og diskutere; bruddstykker av slik diskusjon er overlevert i islandske sagaer som beretter om hendelser på 1100- og 1200-tallet. Tanken kunne ta ulike vei i de ulike nordiske landene. Det kommer tydelig frem i lovgivningen. Jeg nevner dommen over barnemord, altså ikke utsettelse av barn — etter hedensk skikk — men drap på barn, barnemord i vår forstand.

Östgötalagen sier (i moderne oversettelse): «Nu mördar moder sitt barn odöpt; då är hon saker till fyrtio marker.» En stor bot. Men enda verre er det — ifølge Östgötalagen — å myrde et døpt barn: «Nu mördar en man eller en kvinna sitt barn, sedan det är kristet; då skall man låta stegla honom och stena henne.»

Tanken blir: det er større synd å drepe et kristent barn enn et hedensk, et som ikke er døpt.

Men denne saken kunne man også se på en annen måte. Og den norske Vikens kristenrett ser den annerledes. Det heter her på 1100-tallet: Mor som dreper udøpt barn, har forbrutt gods og fred, land og løsøre, hun skal fare til hedensk land og aldri komme der som kristne mennesker er. Derfor er mord på udøpt barn verre enn mord på døpt — at sjelen forspilles.

Her motiveres det altså. Man får innblikk i tankearbeidet. Og slik er det gang på gang.

Kirken krever faste av menneskene, hver fredag skal de faste. Men man må ikke gjøre dette budet for rigorøst.

Prester i Norge spør den islandske biskop Gudmund: faster du på juledagen om den faller på en fredag? Svar: Nei! «Hvor gjør du da av fasten?» Svar: «Hvor gjør I av mørket når lyset kommer i huset?»

Men kanskje blir man dagvill iblant, vet ikke hva dag i uken det er. Dog bærer man over med folk som misminnes. Vikens kristenrett gir eksempel herpå:

«Nu er en mann langt borte fra andre. Blir han da dagvill og kommer til å ete kjøtt på fastedagen, så skal han gå til skrifte siden, men han slipper å bøte med gods. Er de to sammen og blir dagville begge, skal de gå til skrifte siden, men slippe å bøte med gods. Er de tre sammen og eter kjøtt på fredagen, skal de bøte 3 mark hver. Ikke kunne de alle tre være dagville».

Også troen på hekser gir anledning til diskusjon. Mange i kirken hadde ikke fått denne troen ennu. Men folket trodde — fra hedensk tid av — på hekser; og mange av kirkens tjenere delte denne troen. Lovene ble deretter.

I Östgötalagen i helt tydelige tilfelle av trolldom skal trollkonen stenes. I andre tilfelle: fri seg med ed av folk som går god for henne eller — om hun ikke kan skaffe folk — med bøter.

I Gulatingsloven heter det: Nu blir en kvinne beskyldt for å være heks — da skal man ta saken opp bare om de sier det imot henne i tre hus. Dersom hun nekter, skal hun gå til gudsdom (Kjeleprøve). Men blir det sagt bare i ett hus at hun er trollkjerring, da er det å regne for løgn og sladder.

Men i Vikens lov: «Vi skal ikke drepe henne. Hun skal fare bort fra bygden med sine eiendeler. Ikke er det hennes egen skyld at hun er troll.»

Det blir i alle fall en atskillig humanere oppfatning enn den vi kjenner fra heksebrenningenes tid. Men ellers er det nok av grusomhet i lovene. Og det tok tid før kirke og kongemakt fjernet det verste.

[I det följande korta anteckninger om trålar och friborna, om klassamfund och ståndsskillnad m. m., vanligen med exempel ur lagarna.]

VI.

Utbyggingen av kirken

I boken om Ansgar berettes det: Da den danske kong Harald var kommet til keiser Ludvig og hadde mottatt dåpen «begynte keiseren meget nøye å etterforske om han kunne finne en hellig og from mann» til å undervise det danske folk i kristendom. Det gjaldt å finne en som både var villig til dette vervet og verdig til det— står det i boken. Til slutt ble munken Ansgar funnet. Hans foresatte i klosteret Corbie «priste såvel hans lære som hans liv og forsikret at han var vel skikket til dette verv» — om han bare var villig til å ta vervet. Det kreves altså av misjonæren både kristen lære og en livsførsel som svarer til læren. Man tenkte seg og sikkert med rette at hedningene heller kunne vinnes om de fikk se at de kristne forkynnerne med sitt liv sto inne for læren. Om Ansgar selv sies det: han påla de prester som han satte til å virke blant hedningene at de ikke skulle stunde etter noens eiendom; han bad dem «fromt og inderlig» å gjøre som den hellige Paulus: arbeide med egne hender og la seg nøye med klær og føde. — Ganske riktig heter det i fortellingen om Ansgars misjon i Danmark at han vant folk *exemplo et doctrina*, både ved sitt eksempel og sin lære. Fra hans misjonsverk i Sverige hører vi at folk som ennu var hedninger, lærte av hans eksempel: ga almisse, holdt faste.

Det heter om Ansgar at han ikke alene var verdig til å misjonere i Norden, han var også — i motsetning til andre som ble spurt — villig til å legge ut på den farlige reisen. Det krevdes mot. Og vi hører i germansk misjonshistorie om mot som svikter iblant. Misjonæren føler seg truet, ikke bare av hedningenes hat, men også av de avguder, de djevleånder han bekjemper. Det berettes om ireren Gallus som på 600-tallet misjonerte i Alpelandene: En natt da han satt i sin båt ute på Bodensjøen og våket over fiskegarnet, hørte han det ropte ned fra fjellene og opp fra dypet: det var gudene, djevelåndene, som truet Jesu Kristi pilgrim. Gallus ble skremt den natten, han rodde i land og sprang for livet.

Misjonærene som mente at hedningenes guder var djevler, og at hedningene selv altså var djevelens tjenere, kunne bli fristet til å gå voldsomt frem mot gjenstridige eller i hvert fall til å tolerere at den verdslige makt som støttet misjonen, gikk frem med voldsomhet.

Det fortelles om den første misjonær på Island, tyskeren Fridrek, som kom dit i 980-årene sammen med den kristne islender Torvald den vidfarne, at han sluttet med å misjonere av sorg over Torvald, sin felle og tolk, som drepte en og annen hedning om han ble for grovt fornærmet. Ti år senere kom en ny utenlandsk misjonær: Tangbrand. Han gikk i egen person til slagsmål med hedninger som utesket ham, og drepte et par stykker. I dette tilfelle ble det altså liten sammenheng mellom lære og liv. Men det er sannsynlig at hedningene hadde lett for å bære over med det — just i slike tilfelle. De *aktet* folk som hevnet fornærmelser. Hadde misjonæren Tangbrand oppfordret til almissegaver, men selv vært gjerrig med slikt, kunne det ha blitt farlig for hans rykte.

En islandsk sagaskriver unnskylder misjonskongen Olav Tryggvason og tvangen han brukte under kristningsverket med å la kongen si: «Er det mening i at den skal kalles konge som lar riket sitt styres av den verste uvenn», av djevelen?

Om de svenske såkalte korsfarerne i Finnlands misjonstid står det i Erikskrönikan:

> Vem dem ville till handa gå,
> och kristen varda och dop undfå,

> honom skänkte de gods och liv
> och frid att leva allt utan kiv.

Men folk som fremturet i sin hedendom og motstand, dem hugg de ned.

Det later til at fremgangsmåten var lignende i Olav Tryggvasons Norge. Kong Olavs kristendomsbud førte til krig mellom kongen og hedenske høvdinger i Trøndelag og Hålogaland. Olav slo ned motstanden. Og kongesagaen har en del beretninger om hans grusomhet mot hedningene, beretninger som i vår tid — fra visst forskningshold — er brukt til anklager mot den såkalte «artsfremmede» religionen som kong Olav representerte.

Det kan imidlertid være grunn til å tvile på beretningene om torturen som kongen øver. Ingen av de samtidige skaldene nevner den. Det er et islandsk skrift fra tiden omkr. 1190 som først beretter historien om kong Olavs grusomheter. De øves i Hålogaland og er uten unntagelse rettet mot mennesker som er tryllekyndige, de har lært trolldom av lappene nordpå. — Vi kommer da til å tenke på at i islandske eventyrsagaer, løgnsagaer — som vi kjenner fra en noe senere tid — og i norske folkeviser, er det et elsket tema at tapre menn drar nordover til Hålogaland og Finnmark («Trollebotten») og slåss med trollpakket der oppe. Beretningene om kong Olavs ferd i nord kan ha sammenheng med slike sagn.

Det er tre høvdinger Olav piner ihjel fordi de nektet å bli kristne. Den ene av dem sier i dødsstunden at han kunne ikke motta dåpen; han var ikke noe menneske, men en ond ånd, en djevel, som tryllekyndige lapper manet inn i et menneskes legeme.

Den andre flykter for kongen og skaper seg om til en hjort; kongen lar da sin hund rive hjorten i stykker.

Den tredje troller frem et stormvær mot kong Olavs flåte; men kongens biskop slår vievann i havet, og det legger seg, kongen kommer frem til trollmannen, griper ham og dreper ham så med å tvinge en huggorm ned gjennom halsen på ham. Historien om vievannet er velkjent fra mangen europeisk legende, og historien om huggormen hører kanskje sammen med fortellingen vi finner i oldkvadene om ormegården hvor fanger pines. Huggormen finnes ikke i den bygden hvor kong Olavs huggorm skal ha vist seg — ikke nu lenger iallfall. Man må minst ti mil sørover langs kysten for å finne en. Det kan da være et spørsmål om det er fornuftig å ta kong Olavs huggorm med i diskusjonen om religionsskiftet i Norden.

Biskopen i kong Olavs følge under kongens reiser er historisk nok. Han kalles Sigurd. Fra Norge kom han siden som misjonær til Sverige, der ble han den hellige Sigfrid.

Misjonskirken var en reisende kirke, misjonsbiskopen hørte misjonen til, hadde ikke et avgrenset stift.

Men etter hvert som kristningsverket skred frem ble det mulighet for fast organisasjon og bruk for stiftsbiskopen. I Sverige kommer Skara som første biskopsstad — i Olav Skotkonungs tid allerede. Så følger i kong Stenkils tid Sigtuna for Svealand.

Misjonsbiskopene og misjonspredikerne i hele var i regelen utlendinger: engelskmenn, tyskere, franskmenn; også irer nevnes. Organisasjonsmessig hørte Danmarks og Sveriges kirke fra misjonens begynnelse av under erkebispestolen i Bremen. Norge kom etter dit i løpet av 1000-tallet. Men både der og i Sverige var — som jeg tidligere har nevnt — det angelsaksiske innslag i misjonen det sterkeste; ikke uten at Hamburg-Bremen tok forargelse! Landene lå noenlunde åpne for kristne forkynnere hvor de så kom fra. Utsendingen fra erkebiskopen av Bremen fant i 1050-årene hos sviakongen Emund den gamle en mann som førte falsk lære, angelsakseren Osmund. Han hadde vært i Øst-Europa, og hans falske lære besto kanskje i sympatier for den gresk-katolske kirke, som just ved denne tiden var kommet i åpen konflikt med den romersk-katolske.

Til det fjerne Island kom ved denne tid gresk-armeniske misjons-biskoper. Antagelig hadde de fulgt med Harald Hårdråde.

[Härefter följa korta anteckningar om Rom och dess roll under den första missionstiden i Norden: «Rom — ingen stor rolle i misjonshistorien» — «Men naturligvis har alt de første misjonærer talt om Rom som kristenhetens hovedstad og om paven» — «En isl. skald som lot seg døpe ved år 1000, uttrykker seg slik: Kristus skapte hele verden og reiste Roms hall — En annen: Roms sterke konge; Sigvat: kærr keisara, klúss Petrúsi» etc. — Anteckningar om kyrkans tidigaste organisation på Island, om biskoparna Isleiv och Gissur till Skálholt, om biskop Jón till Hólar osv. — Om prästernas ställning på Island och i Norge m. m. — Om den äldsta kyrkans förhållande till staten — Om biskopssagorna på Island: «Biskopssagaen på én gang historie og forkynnelse. Beretningen om biskopen skal forherlige hans embete, øke Guds kirkes ære» etc. Exempel ur predikningar m. m.]

VII.

Kristendommen og litteraturen

Jeg har oftere sitert islandske og norske vers fra misjonstiden. Vi finner disse versene i islandske sagaer, somme i Snorre Sturlasons Edda, somme i Landnamabok. De har levd i folks erindring, først og fremst i skaldenes erindring — inntil de på 1200-tallet kom med i sagaene og de andre prosatekstene.

Det berettes både om Olav Tryggvason og Olav den hellige, de to norske misjonskongene, at de først sto tvilende til skaldene og ikke ville høre æreskvadene de hadde diktet om kongene. Det var kristnede skalder; men likefullt er misjonskongenes mistenksomhet å forstå. Skaldskapen gikk for å være Odins gave, sikkert har det vært tanken at diktning var guden til glede. I diktspråket som brukes, var hedendommen åpenbar. Diktspråket var fra gammelt fullt av poetiske omskrivninger for hverdagens ting, omskrivninger som gjerne hadde et høytidelig preg, satte tingene i sammenheng med religionen. Hjelmen ble «Odins hatt», gullet ble «gudinnens sol», en mann var «sverdets Frey» og en kvinne «gullringens Freyja».

Kristningskongene ga etter, står det i sagaene, men de forklarte skalden at hans begavelse var gitt ham av Gud. Og nå hadde han å ta hensyn til det. I skaldenes diktstil førte kristendommen til en hel revolusjon — diktningen gikk ut av religionskrisen med sterkt forenklet stil. Skaldene søker å komme bort fra de hedenske gudenavnene som før fylte omskrivningsspråket. Bryte helt med tradisjonen kan de ikke eller vil de ikke. Men opprydningen er iallfall ganske grundig. Sikkert har det lettet den at gudetempler og gude-bilder forsvant; man så ikke lenger noen Odin under hjelm eller noe gullsmykket Freyjabilde; så opphørte hjelmen å være Odins hatt og gullet å være gudinnens sol.

I noen monn fikk de gamle omskrivninger erstatning i nye — som kom fra den kristne forestillingsverden. I de bevarte bruddstykkene av norsk-islandsk diktning fra tiden 990–1050 er Gud eller Kristus nevnt 48 ganger, 12 ganger med en omskrivning av navnet.

Isteden for Krist står det «munkenes konge», «Roms konge», «Jordans konge» — eller kanskje står det «Grekenlands beskytter»; uttrykket viser at det greske keiserrikets kamp mot de vantro opptok sinnene, væringer fra våre land var jo ofte med i den kampen.

Av størst interesse er det imidlertid å se noen omskrivninger som setter den nye gud i forbindelse med lyset. Gud kalles «herren over Karlsvognens vei» (over den stjernelyse himmelen); eller han er «solens fyrste» og «kongen over dagens bolig». Dette billedspråket — som forener Gud med lyset — var eldgammelt i *kirkens* litteratur. Og at det straks ble overtatt i Norden er lett å forstå. «Ilden og solen er det beste for menneskers barn», heter det i det hedenske diktet Håvamål. Solen var farlig for alle uvetter, for alt som var ondt — og det falt naturlig å se den nye gud som skulle verge menneskene mot mørkemakter, også mot de avsatte gudene som nu hørte sammen med trollpakk — det falt naturlig å se ham under bildet av lys og sol. I lovene sto det: «vi skulle bøye oss i øst (hvor sol står opp) og be til den hellige Krist».

Den norsk-islandske diktning fra 1000-tallet viser en stigende kunnskap om kristen lære og en stigende forståelse av det kristne etiske krav. Islendingen Markus Skjeggeson, sent på 1000-tallet, har diktet om sveakongen Inge Stenkilsson og om danskekongen Erik Eiegod. Markus priser kong Erik fordi han fridde Norderlandene fra avhengigheten av Bremens erkebiskop og fikk reist en erkestol i Lund.

Med det har kongen «hevet våre åndelige kår» — våre, sier islendingen, man ser at Norden i denne sammenheng føles som en enhet. Videre prises kongen fordi han er «en elsker av Kristus» og en elsker av rettferdighet. Og ikke minst prises han fordi han er opptatt av tanken på å hjelpe sin sjel, gjøre bot for synder.

Islendingens dikt til sveakongen Inge er dessverre gått tapt. Og av svenske litterære vitnesbyrd om 1000-tallets kristendom har vi ikke annet enn runeinnskriftene. Men de sier da litt. Der er de mange innskrifter som ber at Gud skal hjelpe den avdødes sjel. Eller Gud og Guds mor skal hjelpe. Eller det står i bønnen for den døde at Gud skal hjelpe hans sjel «bedre enn han fortjente» — det er en ydmykhetsformel; man fyller ikke Guds krav som man skal. Tidlig finnes ordet *synd*. På runestenen ved Sälna bro står en bønn til Gud om å tilgi forseelser og synder.

Men stadig blir det Island som gir fyldigere kunnskap om tidlig nordisk kristendom. Og på 1100-tallet er det mange skalder som vitner. En rad med anonyme smådikt beretter om angsten som grep folket:

> Mænd som blev sveket,
> svarer med svik-råd,
> — i løndom lagt —
> svik slår svik.

> Var dig, var dig, et veir stunder til.
> Det skal regne rødt
> på nakne kroppen.
> Odd og egger
> skal arven skifte.
> Nu er den skarpe
> sverdtid kommen.

I det hedenske dikt Voluspá var det talt om en sverdtid som kan ventes før Ragnarok. Og «nu er den skarpe sverdtid kommen». Ragnarok-stemning, undergangsstemning, taler fra mange av de anonyme versene. Og man finner seg hjelpeløst i det som skjer, ofte er det slik. Men også protester høres. Man har ikke makt til å stanse krigen, men man truer med Guds dom:

> Hatet det kolde
> må mordtid volde.
> Men en gang når stunden
> for dommen er runden
> skal synden og skammen
> stå nakne sammen.

Jeg nevnte at også *store* kristne dikt blir satt inn i striden; en kristen reaksjon mot den hedenske renessanse blir tydelig.

Før jeg skildrer denne kristne protesten, må vi et øyeblikk se på den islandske religiøse diktningen slik den utviklet seg i tiden mellom misjonstiden og 1200-tallet med den hedenske renessanse.

Da man først tok imot Krist, hadde man oppfattet ham som kongen av evighet, som den allmektige skaperen og som den guddommelige seierherren over død og djevel. Krist i hans menneskelighet betydde ikke *dengang* meget for tanken. Stort sett var det slik også i de landene kristendommen kom fra, i Tyskland, i Frankrike, i England. Men ved år 1100 begynte noe nytt i tankegangen der ute, man begynte å fremheve *mennesket* Kristus, vår bror Kristus, forsoneren Kristus.

Det var i England denne nye oppfatningen først meldte seg med styrke. Ved år 1100 skrev Anselm av Canterbury den banebrytende boken: «Hvorfor ble Gud menneske?» Anselm sier at den Gud han kan fatte er ikke han som er «gjemt i skylaget av sine hemmeligheters dunkelhet». Den han kan fatte er menneskenes sønn «i vår skikkelse, med vår natur, fylt av miskunn med sin skapning». «Langt søtere er det å se deg

født til verden av den jomfruelige moder enn født av faderen i
stråleglans før morgenstjernen, å se deg dø på korset enn herske over
englene i himmelen. Intetsteds erkjenner jeg Kristus sikrere enn der
han henger på korset».

Samtidig som slike tanker vinner frem, drar korsfarerne til det hellige
land, til Nazareth og Kapernaum. Fra gledens berg ser de Jerusalem.

Og *mennesket Kristus* kom nærmere enn før, nu da man gikk på hans
veier. Snart ble den bundne og pinte Kristus en makt i folkenes
religiøse diktning.

Følelsen av synd og trangen til en forsoner var vokset. «Om jeg går
frem i det gode», skriver en forfatter i det 11. årh., «ser jeg bare klarere
enn før mine mangler — som vi i solglansen ser utallige støvkorn».
Desto nødvendigere ble en barmhjertig gud, desto nærmere kom
forsoneren Kristus, hans godhet og miskunn.

Nu er det av interesse at den nordiske religiøse diktning, slik vi
kjenner den fra Island og Norge, straks fulgte med til dette nye.

Den nordiske misjonstidens dikter hadde omskrevet Kristi navn med
ord som ga uttrykk for hans makt og himmelske glans. Kristus var
Roms og Grekenlands beskytter og «solens konge» og «kongen over
dagens bolig».

I islandsk diktning fra 1100-tallet blir omskrivningene for Kristus
andre — eller rettere sagt nye omskrivninger blir i voksende tall brukt
ved siden av de gamle. Kristus er «verdens læge», «verdens forløser»,
sorg-utrydderen, fredgiveren, «barmhjertighetens konge», han er
allgod, saktmodig, trofast, han er den som forliker menneskeslekten
med Gud.

Og han trenges, for med oss er det smått, svikefull er verden, svak og
svikefull er jeg.

Ved år 1180 ble diktet *Harmsól* til: Sorgens sol betyr det, Kristus er solen som bryter igjennom vår sorgs mørke.

Sorg og frykt må være det første; det finnes jo en dommedag:

> Visst skal anden sinde
> fyrsten veien finde
> hit fra himmelhalle,
> høit hans lurer kalle.
> Grådig gløds skal råde,
> griske skal bølgerne fråde,
> ætterne i mulde
> våkne angestfulle.
>
> Lite skal det trættes
> på det ting som sættes,
> ingen mann skal møte
> uræd frem og bøte,
> Herren over skyens
> borg ser himmelbyens
> egen fylking, selve
> englehæren skjælve.
>
> Se i dommerstolen
> han som styrer solen !
> Stortungt vil det være
> slik en stund å bære.
> Ti i skyen, venner,
> Herrens kors vi kjenner,
> og vår dommers røde
> sårgap ser vi bløde.

Harmsols dikter kjenner det som om han selv er en av Kristi bødler: «Jeg har slått din sjel sår med mine synder.» Desto mer trenger han «barmhjertighetens konge» og trenger selv å bli som han:

> Du, som vakte de vene
> jordlands liv, din rene
> ånd skal min tanke tænde,
> mørke til morgen vende.
> Skilt fra dig har mannen
> trælskår, ingen annen
> enn din ånd kan gi ham
> sinnets fred — og fri ham.

Det første i den rike prosalitteraturen var oversettelser av fremmede religiøse tekster. Man valgte slike som man fant nødvendigst for folket: skildringer av apostlers liv eller av andre helgeners liv. Uttrykkelig blir det sagt at beretningene om de hellige skal hjelpe lærere eller tilhørere til å vokse i god livsførsel.

Nu var ikke all denne moralen så underholdende alltid; og en av oversetterne er bekymret ved tanken på at folk synes det er langt, alt det som sies om Guds kjemper.

Man holdt seg ikke altfor nøye til teksten man oversatte. Man kunne springe over en del og man kunne føye til om man ville. På den måten får en et visst inntrykk av nordisk måte å reagere på overfor det fremmede.

I beretningene om apostlenes liv — Postola sögur — fantes det mange utfall mot hedensk-romerske guder. Alt slikt har de norske og islandske oversetterne beholdt, og de har gjort teksten hjemlig med å oversette de romerske gudenavnene til nordiske.

I grunnteksten kan det stå: «Jupiter, den største av gudene.» Oversetteren sier: «Tor, den sterkeste av æsene.» I grunnteksten raser de kristne mot 7 navngitte avguder og regner opp deres forskrekkelige laster. Oversetteren nøyer seg ikke med 7, han nevner 14 nordiske guder og gir hver enkelt av dem attest for stor umoral. Det er som det ennå gjelder å kjempe ned visse sympatier for de hedenske guder.

Bibelord oversattes i mengde og iblant nokså fritt. I en såkalt saga om apostelen Peter gjengis Kristi ord til apostelen: «Den som griper til sverd, skal omkomme ved sverd.» Oversetteren har for sikkerhets skyld fortolket disse ordene . . . . Han lar Kristus si: «Den som med sverd hugger, uten å ha rett sak, skal omkomme ved sverd.»

Om man utelot noe av grunnteksten, så var det helst steder hvor den kristne fremmede forfatter usjenert talte om erotiske ting. Man oversatte på Island en bok av kirkefaderen Hieronymus om eneboeren Paulus: Der var det skildret en forførelsesscene — i meget likefremme ord. Oversetteren nøyde seg med en antydning: han skriver om «påfunn så stygge at man kan skamme seg for å si dem». Og han sier dem ikke heller.

En noenlunde selvstendig religiøs litteratur fikk Norge og Island forholdsvis tidlig i hjemlige helgenlegender. De eldste av dem er knyttet til St. Olavs-dyrkelsen.

Vi kan følge utviklingen av Olavslegendene fra 1000-tallet og utover og konstatere en vekst i kristendom. Tidlig på 1100-tallet skrev en forfatter i Wales om St. Olav og fortalte en legende som han hadde hørt av nordiske menn der i landet. Den lød slik: Da kong Olav lå fallen på slagmarken, kom hans drapsmann høvdingen Tore, som siden fikk tilnavnet Hund, og ville rane en gullkjede som den døde hadde om halsen. Han bøyde seg ned og ville ta kjeden. Men da ble hans hender heftende fast ved den, og hans kne ble heftende ved kongens legeme. St. Olav straffet Tore.

Lenger ut på 1100-tallet ble beretningen om Olav den hellige og hans drapsmann annerledes: Da Tore Hund bøyde seg ned over kongens lik, kom noe av kongens blod på Tores hånd. Der hadde han et åpent sår. Men det grodde igjen da Olavs blod kom på det.

Det er barmhjertig av ham, men ikke særskilt merkverdig som under. I det hele kan det kanskje sies om nordiske legender at de unnviker

74

det rent fantastiske, de virker forholdsvis nøkterne om de sammen-
lignes med keltiske helgenlegender, med irske og walesiske. En
islandsk legende forteller om en hellig biskop at han med sine
brennende bønner berget en dødssyk gutt, en som foreldrene trodde
var død allerede, men som visstnok ikke var det. Og nu står det videre
i den gamle beretning: «Om dette var hendt i andre land, skulle man
ha omtalt det med mindre forsiktighet enn *jeg* har gjort her».
Forfatteren mener: en utlending ville ha tillatt seg å skrive at gutten
var virkelig død og ble vekket fra de døde av den hellige biskopen.

En stor del av de islandske legendene har en egen interesse derved at
de viser oss fattigfolks og småfolks hverdag og livsbehov.

En fattig kone som ikke har mat i huset ber den hellige Torlak om
hjelp; så går hun ned til stranden, der ligger en stor selhund; og konen
har ingen møye med å få den drept. «Selen lå så stille som om den var
død allerede.» (I *dette* tilfelle skulle jeg nå tro at den virkelig har vært
det.)

Eller et barn som er ute og skal passe buskapen, hjorden, kommer ut i
skodden ... og dyrene blir borte for ham. (Åkallar gråtande Torlak och
återfinner alla djuren i en dal.)

Dette fattige og fredelige liv, og denne fromhet, ser vi ikke så meget til
i den islandske historieskrivningen. Fromheten finnes nok der; den
finnes hos Are Frode som ved år 1130 skrev om Islands kristning, og
den finnes hos islandske munker som lenger ut på 1100-tallet skrev
om kristningskongen Olav Tryggvason. Den finnes også i sagaen om
kong Sverre, og hos høvdingen Snorre Sturlason i hans sagaverk om
Norges konger.

Men ved siden av fromheten står så noe annet. En mann som Snorre
er først og fremst opptatt av kongenes krig og bedrifter og av de
dramatiske opptrinn i deres liv.

Det Island der Snorre levde, var selv rikt på krig og på dramatiske hendelser. Tilstanden minnet om forholdene i hedensk tid, men var ikke kommet i umiddelbar fortsettelse av denne tiden. Mellom kampene i hedendommens dager og i Snorre Sturlasons dager lå et *fredens* tidsrom på mer enn 100 år. Og denne freden hadde kristendommen æren av. En gammel islandsk saga nevner som årsak til den langvarige islandske fredstiden på 1000-tallet og 1100-tallet, at dengang var de fleste av landets høvdinger prestevigde — de var på en gang høvdinger og geistlige.

Vi har mange vitnesbyrd om deres makt over folket. Det står om biskop Gissur ved 1100: (att landet under hans tid hade sådan fred att inga större strider forekommo mellan hövdingarna och att bärandet av våpen i stor utsträckning lades ned.) Og ved den tiden han døde, så man ikke mer enn en mann som bar hjelm på Alltinget. Litt senere så det ut til å bli krig på tingplassen mellom Havlide og Torgils. Men biskop Torlak fikk omstemt Havlide; fremfor alt fikk presten Ketil omstemt ham — med sin beretning om hvor lønnsomt det var å tilgi sine fiender.

Lenger ut på 11-tallet sank — av en eller annen grunn — tallet av prestevigde høvdinger. Og ved år 1190 bestemte den norske erkebiskop at ingen islending fikk være både prest og høvding. Han bestemte det i beste mening.

Tanken var at en prest ikke skulle hefte bort sin tid med verdslige ting. Men i praksis fikk bestemmelsen mindre gode følger. Den prestevigde høvdingen hadde hatt et bånd på seg just gjennom den geistlige vigselen; den forpliktet ham til fred, holdt igjen mot stridslyst som vel kunne våkne hos ham. Nu falt dette båndet bort; og samtidig var høvdingslektene på Island i antall redusert til noen få, en 7—8 rike og mektige slekter som var fristet til å rivalisere med hverandre om eneherredømmet over landet. Etter den lange fredstiden brøt ny krig ut, og ble snart så vill som feiden hadde vært i hedensk tid.

Kirken ble trukket inn i kampen. Høvdingene vendte seg med voldsomhet mot biskopen av Holar, Gudmund Areson; de tok forargelse ikke bare av hans krav på kirkens frihet, men også av hans hemningsløse gavmildhet mot fattige — av tiggerfølget han omga seg med, av fattigbarn han tok imot i skolen på Holar. De brøt ikke med kristendommen, de tydde kanskje til den når døden truet, men den fikk ikke stort å si for deres liv.

Og det var ikke *alltid* at de og deres menn mintes den foran døden heller. Tore jøkul sier før han bøyer hodet under bøddeløksen:

> Op, du skal båthvelvet ride
> gjennem kaldsjøen stride.
> Prøv du din hug og hærd den,
> her skal du skilles fra verden.
> Gamling, du skal ikke gråte
> under skuren den våte.
> Møernes elsk du kjente,
> og hvermand har døden i vente.

De kjempende følte selv en viss sammenheng mellom den hedenske tiden og sin egen tid. I deres drømmer spøkte valkyriene og Hel. Eller heltediktningens Gudrun Gjukedatter, den ville hevnersken. En mann drømte at han så henne og spurte: «Hva vil du hos kristne mennesker?» Da svarte hun: «Det kan være det samme om jeg er hedensk eller kristen, jeg er mine venners venn.»

Den unge, hensynsløse høvdingen Sturla Sigvatsson ble av folk kalt med gudenavnet Frey; Snorre Sturlason, hans farbror, kalte sin tingbod på Alltingsplassen Valhall — etter Odins *Valhall*.

Vi skylder denne hedenske renessansen noe. Det var den som drev Snorre til å skrive Ynglingasagaen og prosa-Eddaen med den hedenske mytologien.

77

I denne tid, da det lengst svunne og det nylig opplevde rykket tett sammen, var det at ættesagaene og kongesagaene, gudekvadene og heltekvadene ble skrevet ned. I denne sammenheng må Snorre Sturlasons livsverk stilles inn.

Den hedenske renessanse hevet *forfatteren* Snorre Sturlason til store høyder, men den ødela hans liv; det ble et liv i kamp mot menn som ennu langt mindre enn han selv lot seg hemme av kristne krav.

Men vi får det inntrykk at mange i folket så med forferdelse på sine stormenn. En bonde sier: «Nu skal vi si oss i tinglag med den hellige Peter apostel, nu tør vi ikke lenger lite på denne verdens høvdinger.» Og små vers gikk over landet med varsler om straff fra Gud:

> Engang når stunden
> for dommen er runden,
> skal synden og skammen
> stå nakne sammen.

Og det var ikke bare slike småvers som kom. Store kristne dikt ble satt inn i kampen. Den hedenske renessansen er tydelig — men like tydelig er en kristen reaksjon imot den.

VIII.

Kristendommen og litteraturen (forts.)

Jeg stanset i går ved den hedenske renessanse på Island. Man tror ikke lenger på gudene, men begynner å sverme for dem og for hele den hedenske fortiden, man lar den gjenoppstå i saga etter saga og i nye dikt som blir til. Etter de mange helgenbøkene fra 1100-tallet kommer de mange historiene om helter — det kan være det samme om de er hedninger eller kristne.

Og i Snorres Edda og Ynglingasaga vender gudene tilbake, ikke dyrket lenger, men i alle fall som gjenreist fortid. Snorre er tatt av sitt emnes patos; ofte fremstiller han med en kraft som intet savner av den gammelhedenske diktningens ånd.

Høvdingene har kastet prestekjolen nu og hemmes ikke lenger av kirkelige hensyn. Heller ikke i sitt liv. Det er makten de vil, og krigen og forræderiet herjer Island.

Det er Snorres synske bror Tord Sturlason som lærer sine urettferdige frender teksten. Der er høvdingen Ravn Sveinbjørnson som ikke vil være med i maktkampen. Ravn kommer til helgenen Egidius' grav i Frankrike; der kan enhver be om det han mest trenger og bli bønnhørt. Ravn ber at han aldri må få så meget av denne verdens heder at han glemmer sin glede over himmelens herlighet.

Første gang hans fiende Torvald overfaller ham, vil ikke Ravn kjempe; men han er den langt overmektige, og Torvald må overgi seg. Da ser Ravn på ham og hans menn; de er blitt skoløse på den lange vandringen over fjell og jøkler. Ravn sendte dem hjem i fred, men først lot han skjære nye sko til dem.

Ravn Sveinbjørnson, kunstneren, skalden, naturvitenskapsmannen, lægen — med huset fullt av fattigfolk som skal hjelpes — er kanskje den vakreste og eiendommeligste skikkelse som noen saga vet å berette om.

Til historien om Ravn slutter seg vitnesbyrdene som tidens kristne diktning gir.

Der er kvadet *Liknarbraut*, «Nådens vei», et dikt om Kristi kors. Skalden ser Kristus på korset, han henger der alltid — det blir dypt symbolsk at over denne jord hersker en korsfestet Gud, vår bror. Og skalden hører ham, fra korset taler han «til alle oss». «Mitt folk, vant til å feile! Vend deg bort fra synden som forferder deg; ta imot min miskunns favntak, min kjærlighet.»

Men det store diktet fra denne tid er *Sólarljóð*, sangen om solen (Kristus).

Kanskje står vi her ved slutningen av den islandske kamptiden. Det føles som kalken er tømt til bunns.

Diktet begynner med små livsbilder som fører tanken hen på de elskede sagaene om den hedenske tiden — og på de hendelser som tildro seg nu i den hedenske renessanses tid.
Men i Sólarljóð er det ingen glans over bildene av maktlyst og rikdom, hevnlyst og kamp. Dikteren beretter saga i lys av Guds dom:

> Sorle den godråde
> la sin sak

i Vigolvs hånd.
Fred gav han Vigolv
av oprigtig sinn
og de andre lovte ham guld
til gjengjæld;
de lot som de var venner
og drak med ham.
Men dagen efter
i Rygjardal
såret de med sverd den sakløse
og tok hans liv.

Liket drog de inn på lønlig sti,
dølge ville de,
men Herren så,
den hellige fra sine himler . . . .
Unnar og Sævalde
aldrig de ventet sig
annet enn lykke i livet;
nakne de blev
og plyndret for alt
og satte på skogen som varger.

Rådny og Vebode,
mæktige var de
og trodde på sig selv,
de vilde stå over alle andre,
og guldet var deres glæde.
Nu er gjengjældelsen over dem,
nu vandre de skal
mellem frost og flamme.

Sólarljóð gir seg ut for å være ord fra det hinsidige. En mann hører i drømmen sin avdøde far si diktet frem. Og den døde beretter om seg selv:

Længer enn alle
var den ene natt,
da jeg lå stiv på strå.
Da sanner sig
det Gud har sagt
at mennesker er muldens barn.

Gud den vældige
være vår hjælp,
han som verden har skapt;
ti ensom er
døende mann
midt i flokken av frænder.
Sine gjerninger bare
bærer han med —
salig er den som gjør det gode.
Rikdommen min
måtte jeg bytte
med sengen under sand.

Det kommer en bønn til slutt, som et rop:

Mægtige fader,
herligste søn,
hellige himlens ånd!
Dig som skapte oss,
dig jeg ber:
Frels oss fra det onde.

Drottin min,
giv de døde ro,
de levende lægedom.

Om det kirkelige kulturlivs høyde i Norge på 1200-tallet er det et skrift som særskilt kan vitne: Det er det såkalte Kongespeilet fra tiden ved 1260, kanskje forfattet av landets erkebiskop.

Norge var nylig ferdig med innbyrdeskrigen som var ført med villskap og, etter visse tegn å dømme, hadde trukket frem enkelte hedenske forestillinger: man øvde trolldom for å vinne seier, og man sa at Odin var i landet.

Forfatteren av Kongespeilet ser tilbake. Det hender, sier han, at det kommer uår i et folk. Og uår på folket er verre enn uår i landet. Et land kan hjelpes om det står vel til i grannelandene, og kyndige menn steller med tingene. «Men om det blir uår i folket, i landets seder, da følges det av de aller største skader; ti ingen kan kjøpe fra andre land hverken gode seder eller god forstand, om det spilles som før fantes i landet.»

Forfatteren skildrer uåret:

Straks rykter fødes og snakk begynner, synes usedsmenn at det tegner til *godt* år, og nu bærer de ut sine ploger. Så skyter ufredsgrøde i været, begjærlighet og urettferdighet vokser, og folk får mot til manndrap og ran.»

Et botemiddel: å mistenke slagordene. Når de tungeferdige taler som høyest, da skal du tenke ditt eget. Vær ikke redd for hån og spott om du går din egen vei, såsant du drives til å gå den veien av kjærlighet til det rette. «Mennesket er skapt til å være en kostbarhet i verden og en kostbarhet i den neste verden; det spørs bare om han vil skaffe seg den odel han er skapt til.»

Forfatteren av Kongespeilet vet at jorden er en kule, han kjenner dens fem soner, og han tenker seg at antipoder finnes. Han har lest i Bibelen at i tidenes morgen har Guds visdom «lagt jorden på dens grunnvoller». Og han vet hva disse grunnvoller er. Han oversetter

Bibelens ord, «visdommens tale» i Ordsprogsboken på følgende måte: «Vi veide mot luftens letthet jordens vekt, og vi la den tunge jordkulen i lett luft.» Så meget større underet!

Forfatteren sier hvorfor han tør oversette slik. I Bibelen: lebenes ord. Guds ord som menneskeleber *kunne* forkynne det. Men bakom finnes de ennu dypere «Guds tankes ord», og Gud har gitt oss erkjennelsens ånd, så vi kan trenge inn i hans skaperverks hemmeligheter.

Omtrent ved Kongespeilets tid begynner den religiøse svenske litteratur å komme; og den fortsetter utover gjennom Folkungatiden som blir den hellige Birgittas tid.

Og her kan vi se resultater av kristningsverket i Sverige mens selve overgangstidens ytre og indre kamper ligger i det dunkle.

Den hellige Birgitta og bevegelsen hun skaper, er i hvert fall et stort *resultat* og ble det for hele Norden.

Den *strenge* Birgitta — hun var vel ikke bare streng. I en av sine åpenbaringer hører hun Kristus anklage henne. Kristus sier til henne: «Du söker hos ditt tjänstefolk fagra anleten och fagra kläder och förevitar dem ej eller straffar deras oseder och synder, att du ej skall synas dem vara tung och hård.»

Og av en tjenerinne Birgitta hadde hatt i Rom, fikk Margery Kempe (som var i Rom 1414 eller 1415 og besøkte Birgittas hus) en eiendommelig opplysning om helgenen.

Birgitta var død for 42 år siden så hennes tjenerinne må ha vært gammel nu. Hun forsto ikke Margerys engelske språk, og Margery forsto ikke henne: man måtte skaffe en tolk. «Og nu sa tjenestepiken om sin herskerinne Sancta Birgitta at hun var vennlig og føyelig mot alle *og at hun hadde et leende ansikt»* (that she had a laughing face).

Også «den gode mannen» som ga Margery husly i Rom, forstanderen for St. Thomas av Canterburys hospits, hadde kjent den svenske seersken. Men han hadde ikke trodd, sa han til Margery, at Birgitta var så hellig en kvinne som hun i virkeligheten var; ti hun lot seg ikke merke med noe særskilt, «hun var alltid likefrem og vennlig mot alle mennesker som ønsket å tale med henne.»

(I det följande endast kortfattade anteckningar till ett avsnitt om kristendomen och folkdiktningen och om förreformatorisk kristendom i Norden. Bl. a. följande: den svenska legendvisan, som ända från början — dvs. från 1200-talet — varit en folklig visa; vad denna legendvisa kan säga om allmogens kristendom. Helgontro och övertro, men även något mera. Den talar också om förlåtelse och nåd. I visan om «Herr Peder och hans systers — Arwidsson nr 47 — ber systern, när hon kommer till himmelriket, om nid for herr Peder som dräpt henne. På samma sätt i en variant av Liten Karin-visan. Där ber liten Karin för unga kungen som satt henne i spiketunnan. I Norge kommer samma motiv igen i visan om Olav og Kari. «Olavs mor har løiet på Kari, hans hustru; og han har drept Kari. Hun kommer til himmeriks dør, jomfru Maria møter henne.»)

Jomfru Mari tukka fram ei stol:
«Sit, liti Kari, og kvil din fot!»

Du tar inkje rydje sess fyr meg,
eg er inkje for go til stande fyr deg.

Eg er inkje trøytt, eg kan væl staa, —
men maa Olav himmerikje faa?»

«Sit. liti Kari, og kvil deg paa —
Olav han sko himmerikje faa.»

«Eg er inkje trøytt, eg kan væl staa, —
men maa Olavs mo'er himmerikje faa?»

Stort lenger bort fra det gamle idealet, det hedenske hevnidealet, kan man ikke komme.

I det norske Draumkvædet står saligprisninger som i Bergpredikenen: Salig er den som hjelper sin fattige neste i hans nød! Han behøver ikke å frykte den lange vandringen gjennom det hinsidige.

Om *nåden* citeras strof 85 i Eystein Aasgrimssons Lilja, från mitten av 1300-talet:

> Kan du vel, du dyre drotten,
> barn av Marie, utan å hjælpe
> se at djævle fører sjælen
> bort til evige kvalers land?
> Med ditt hjertes røde, hete
> blod til frihet du mig hjælpte.
> Og jeg vet, din strømmende nåde
> over død og dom skal råde.

Det står i den eldste nordiske loven som kjennes, i den norske Gulatingsloven for fylkene på Vestlandet:

Det er det første i loven vår at vi skal bøye oss mot øst og be til den hellige Krist om godt år og om fred, og at vi må få ha vårt land bygget og vår konge lykkelig. Være han vår venn, og vi hans! Og Gud være venn til oss alle!

Voldsmakten var sterk i den tiden jeg har prøvd å skildre. Men også ny åndsmakt var i arbeide og tok seg uttrykk i handling og i grunnleggende ord. Og det har fått betydning for all senere nordisk kultur.

www.heimskringla.no

Heimskringla Reprint er en serie genudgivelser af bøger, som ikke længere er tilgængelige, hovedsageligt norrøne kildetekster og baggrundsmateriale for disse. Serien udgives som en del af projektet Heimskringla – Norrøne Tekster og Kvad, hvis formål er at formidle norrøn litteratur. Projektets hjemmeside – www.heimskringla.no – er i dag den største database med norrøne tekster på internettet.

Udgivelser:

1. Hans Georg Møller: *Den ældre Edda* (dansk)
2. Finnur Jónsson: *Snorre Sturlusons Gylfaginning* (dansk)
3. Finnur Jónsson: *Are Thorgilssons Íslendingabók* (oldislandsk og dansk)
4. Olaf Hansen: *Den ældre Edda* (dansk)
5. Diverse: *Vølvens spådom – en antologi* (oldislandsk, dansk, norsk, svensk)
6. Finnur Jónsson: *Kongespejlet – Konungs Skuggsjá* (dansk)
7. Erik Brate: *Eddan – De nordiska guda– och hjältesångerna* (svensk)
8. Gudmundur Thorlaksson: *425 norsk–islandske skjalde* (dansk)
9. Vilhjálmur Finsen: *Grágás – Islændernes lovbog i fristatens tid* (dansk)
10. Adolf Hansen: *Bjovulf og Kampen i Finsborg* (dansk)
11. Finnur Jónsson: *Den islandske litteraturs historie tilligemed den oldnorske* (dansk)

12. Axel Olrik: *Ragnarok* (dansk)
13. Vilhelm B. Hjort: *Den gamle Edda* (dansk)
14. Gísli Brynjúlfsson: *Tristram ok Ísönd*
    – en riddersaga på oldislandsk og dansk (norrønt og dansk)
15. Knut Rage: *Chronica Regum Manniæ et Insularum*
    – Krøniken om kongane og biskopane på Man (norsk)
16. Gustav A. Gjessing: *Den ældre Edda*
    – Norrøne oldkvad fra vikingetiden (norsk)
17. Finnur Jónsson: *De gamle eddadigte*
    – Første del: Gudedigtene (norrønt og dansk)
18. Finnur Jónsson: *De gamle eddadigte*
    – Anden del: Heltedigtene (norrønt og dansk).
19. Jesper Lauridsen: *Snorres Edda – Uddrag af Edda Snorra Sturlusonar* (dansk)
20. Axel Olrik: *Nordisk åndsliv i vikingetid og tidlig middelalder* (dansk)
21. Magnus Fredrik Lundgren: *Språkliga intyg om hednisk gudatro i Sverige* (svensk)
22. Vilhelm Grønbech: *Vor folkeæt i oldtiden, bind 1* (dansk)
23. Vilhelm Grønbech: *Vor folkeæt i oldtiden, bind 2* (dansk)
24. Louis Moe: *Ragnarok – en billeddigtning* (dansk)
25. Frederik Winkel Horn: *Den ældre Edda* (dansk)
26. Valtýr Guðmundsson: *Island i fristatstiden* (dansk)
27. Vilhelm Grønbech: *Nordisk religion og Religionsskiftet i Norden* (dansk)
28. Georg F. W. Lund: *Oldnordisk litteratur - En kort oversigt* (dansk)
29. Kristian Kålund: *Sturlunga saga 1* (dansk)
30. Kristian Kålund: *Sturlunga saga 2* (dansk)
31. Kristian Kålund: *Sturlunga saga 3* (dansk)
32. Bertil Chr. Sandvig: *Sæmunds Edda* (dansk)
33. Beda/Kragballe: *Beda: Anglernes kirkehistorie – Anno 731* (dansk)
34. Finnur Jónsson: *Tilnavne i den islandske oldlitteratur* (dansk)
35. Fredrik Sander: *Eddaen – Sämund den Vises Skaldeværk* (svensk)
36. Finnur Jónsson: *Lexicon Poeticum*
    – Ordbog over det norsk-islandske skjaldesprog (oldislandsk og dansk)

37. Finnur Jónsson: *Den norsk-islandske skjaldedigtning, bind 1* (oldislandsk og dansk)
38. Finnur Jónsson: *Den norsk-islandske skjaldedigtning, bind 2* (oldislandsk og dansk)
39. Ivar Mortensson-Egnund: *Edda-Kvæde – Norrøne fornsångar* (norsk)
40. Fredrik Paasche: *Møtet mellom hedendom og kristendom i Norden* (norsk)

———————————————————

Læs mere om de enkelte titler her: https://heimskringla.no
Eller bestil bøgerne direkte her: https://www.bod.dk/bogshop/